MARCO POLO

EIF EL

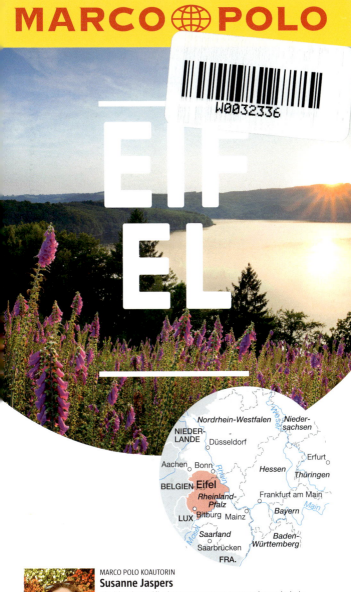

MARCO POLO KOAUTORIN
Susanne Jaspers
Ein bisschen Eiflerin war Susanne Jaspers irgendwie ja schon immer. Aufgewachsen am nördlichen Rand in Aachen, gurkte sie als Studentin mit ihrem altersschwachen Käfer zum südlichen Zipfel nach Trier. Irgendwann blieb sie dann in der Eifel hängen – und das bis heute. Allerdings nicht wegen einer Autopanne, sondern weil die Autorin sich in ein Fachwerkhaus im Heckenland verguckt hatte.

DIE
TOUREN - APP
zu den Erlebnistouren zeigt, wo's langgeht:
inklusive Tourenverlauf und Offline-Karte

EVENTS
& NEWS

Schnell die wichtigsten Infos auf dem Smartphone:
Events, News, neue Insider-Tipps und ggf. aktualisierte
Erlebnistouren als PDF zum Downloaden

HOLEN SIE MEHR AUS IHREM MARCO POLO RAUS!

SO EINFACH GEHT'S!

1 go.marcopolo.de/eif

2 downloaden und entdecken

GO!

OFFLINE!

Anzeige

Historische Senfmühle Monschau

ufenstr. 118
156 Monschau
.: 0 24 72 - 22 45

staurant Schnabuleum
.: 0 24 72 - 90 98 40
o@senfmuehle.de
ww.senfmuehle.de

Hier im wunderschönen Monschau finden Sie unser Familienunternehmen, die **Historische Senfmühle Monschau** anno 1882 und unser **Restaurant Schnabuleum**, in dem alle Speisen mit unserem Senf verfeinert werden sowie unseren **Weinkeller** mit über 400 Weinen aus aller Welt.
Senf ist eines der ältesten Gewürze der kulinarischen Welt. Er dient außer zur Speisenverfeinerung auch der Bekömmlichkeit. Senfsorten verschiedenster Geschmacksrichtungen, z.B. fruchtig wie Johannisbeere und Feige, scharf wie Chili oder süß wie Honig-Mohn sowie der leicht-scharfe Ingwer-Ananas-Senf werden heute neben dem Klassiker, dem Ur-Senf, angeboten.
Im angeschlossenen **Senflädchen** können Sie unter den derzeit **22 verschiedenen Senfsorten** ihren Lieblingssenf probieren.

Besichtigen können Sie die Historische Senfmühle gerne im Rahmen einer Führung. Führungen finden mittwochs und freitags um 11 Uhr und 14 Uhr (März bis einschließlich Oktober) und nach Vereinbarung.

6 INSIDER-TIPPS
Von allen Insider-Tipps finden Sie hier die 15 besten

8 BEST OF ...
- 🟢 Tolle Orte zum Nulltarif
- 🔵 Typisch Eifel
- 🟠 Schön, auch wenn es regnet
- 🟣 Entspannt zurücklehnen

12 AUFTAKT
Entdecken Sie die Eifel!

18 IM TREND
In der Eifel gibt es viel Neues zu entdecken

20 FAKTEN, MENSCHEN & NEWS
Hintergrundinformationen zur Eifel

26 ESSEN & TRINKEN
Das Wichtigste zu allen kulinarischen Themen

30 EINKAUFEN
Shoppingspaß und Bummelfreuden

32 NORDEIFEL
32 Bad Münstereifel
37 Kornelimünster
38 Monschau 41 Nideggen

44 WESTEIFEL
44 Bitburg 50 Trier

56 VULKANEIFEL
56 Daun 65 Manderscheid
68 Wittlich

70 OSTEIFEL
70 Mayen 77 Münstermaifeld

SYMBOLE

INSIDERTIPP Insider-Tipp
★ Highlight
🟢🔵🟠🟣 Best of ...
  Schöne Aussicht
  Grün & fair: für ökologische oder faire Aspekte
(*) kostenpflichtige Telefonnummer

PREISKATEGORIEN HOTELS

€€€ über 120 Euro
€€ 80–120 Euro
€ unter 80 Euro

Die Preise gelten für zwei Personen im Doppelzimmer mit Frühstück pro Nacht

PREISKATEGORIEN RESTAURANTS

€€€ über 19 Euro
€€ 13–19 Euro
€ unter 13 Euro

Die Preise gelten für ein für das jeweilige Restaurant typisches Hauptgericht

Titelthemen: Dem Eifeltiger auf der Spur S. 40 | Im Tal der roten Trauben S. 93

INHALT

80 AHRTAL
80 Bad Neuenahr-Ahrweiler
86 Mayschoß

88 ERLEBNISTOUREN
88 Die Eifel perfekt im Überblick

93 Wanderung auf dem Rotweinwanderweg im Ahrtal
95 Zwischen Fels und Wasser: Wandern auf dem Eifelsteig
97 Entspannte Drei-Flüsse-Radtour in der Westeifel

100 SPORT & WELLNESS
Aktivitäten und Verwöhnprogramme zu jeder Jahreszeit

104 MIT KINDERN UNTERWEGS
Die besten Ideen für Kinder

108 EVENTS, FESTE & MEHR
Alle Termine auf einen Blick

110 LINKS, BLOGS, APPS & CO.
Zur Vorbereitung und vor Ort

112 PRAKTISCHE HINWEISE
Von A bis Z

116 REISEATLAS

134 REGISTER & IMPRESSUM

136 BLOSS NICHT!

GUT ZU WISSEN
Geschichtstabelle → S. 14
Spezialitäten → S. 28
Lesehunger & Augenfutter → S. 63
Was kostet wie viel? → S. 113
Wetter → S. 114

KARTEN IM BAND
(118 A1) Seitenzahlen und Koordinaten verweisen auf den Reiseatlas
(0) Ort/Adresse liegt außerhalb des Kartenausschnitts

Es sind auch die Objekte mit Koordinaten versehen, die nicht im Reiseatlas stehen.

(🕮 A1) verweist auf die herausnehmbare Faltkarte

UMSCHLAG VORN:
Die wichtigsten Highlights

UMSCHLAG HINTEN:
Pläne zu Ahrweiler, Bad Münstereifel, Mayen und Monschau

Die besten MARCO POLO Insider-Tipps

Von allen Insider-Tipps finden Sie hier die 15 besten

INSIDER TIPP Wunderheiler und Kurpfuscher

„Willst im Alter du dich wie ein Jüngling regen, musst du den Magen mit Stephinsky pflegen!" Apotheker *Stephinsky* schrieb im 19. Jh. Medizingeschichte. Sein original eingerichtetes Geschäft in Bad Münstereifel ist heute ein Museum (Foto o.) → S. 33

INSIDER TIPP An die Wand gemalt

Auf den Gewölbefresken in der *Kirche von Sistig* stecken der liebe Gott, Hitler, Marx und Lenin unter einer Decke → S. 37

INSIDER TIPP Hach, wie romantisch!

Dem Plätschern des baumumstandenen Reifferscheider Marktbrunnens lauschen, zur Burgruine hochflanieren … seufz! → S. 39

INSIDER TIPP Geheimnisse der Braukunst

Im *Brauerei-Museum Felsenkeller* in Monschau werden sie gelüftet – und traditionelles Zwickelbier gibt es auch → S. 38

INSIDER TIPP Bibbern unter Tage

Im Besucherbergwerk *Grube Wohlfahrt* in Rescheid dringen Sie 900 m in den historischen Stollen vor – bei 8 Grad. Nichts für Leute mit Platzangst → S. 40

INSIDER TIPP Shops für Vintage-Fans

In Münstermaifeld bummeln Sie durch längst geschlossene Geschäfte, die im *Heimatmuseum* in Originalausstattung erhalten bleiben → S. 78

INSIDER TIPP Ein Gladiator erzählt

1900 Jahre sind vergangen seit seinem ersten Kampf: Im Amphitheater von Trier wird *Gladiator Valerius* wieder lebendig. Er nimmt die Besucher mit auf eine Zeitreise durch Katakomben und Kampfstätten → S. 52

INSIDER TIPP Eifel-Tarzan

Banana-Jump, Todesschleuder, Megaseilbahn, Tarzansprünge – im *Waldkletterpark* in Bad Neuenahr finden Sie Herausforderungen, die nicht nur den Adrenalinspiegel in die Höhe treiben → S. 84

INSIDER TIPP **Der Vulkan lässt warten**
Die Eifeler nennen ihn freundlich den „Brubbel": Der *Wallende Born* ist ein jede halbe Stunde 4 m hoch spritzender Kaltwassergeysir in Wallenborn → S. 64

INSIDER TIPP **Beim Heiligen daheim**
In *Steinfeld* können Sie im schicken Kloster-Hotel schlafen, mit den Mönchen speisen, eins der bekannten Orgelkonzerte hören und dem Eifelheiligen Hermann Josef einen Apfel schenken → S. 35

INSIDER TIPP **Nasses Beet**
Bei den Seerosen im *Meerfelder Maar* geraten selbst Romantikmuffel ins Schwelgen – oder sie lassen die Rosen Rosen sein und gehen schwimmen → S. 67

INSIDER TIPP **Echt wahr jetzt, oder?**
Gab's Genoveva aus der berühmten Eifelsage nun oder nicht? In der idyllischen *Wallfahrtskirche Fraukirch* bei Thür geraten Sie garantiert ins Grübeln → S. 73

INSIDER TIPP **Verwunschenes Dorf**
Im verlassenen und zerstörten Örtchen *Wollseifen* nahe der ehemaligen Ordensburg Vogelsang, dessen Andenken die einst vertriebenen Einwohner liebevoll am Leben erhalten, mahnt die ausgebrannte Kirche an den Wahnsinn auch kalter Kriege → S. 41

INSIDER TIPP **Barocker Weingenuss**
Ein lauer Sommerabend, ein Glas Riesling in der Hand, im Hintergrund ein barockes Gutshaus: Der Garten der *Weinstube Kesselstatt* in Trier ist der perfekte Ort, um die Seele baumeln zu lassen (Foto u.) → S. 54

INSIDER TIPP **Vier Mühlen unter einem Dach**
In *Birgel* staunt man, wie das Schreiner- und das Müllerhandwerk erst durch die Wasserkraft möglich werden. Neben der Getreidemühle produzieren auch eine Senf- und eine Ölmühle Spezialitäten, die Sie vor Ort probieren können → S. 60

BEST OF ...

TOLLE ORTE ZUM NULLTARIF
Neues entdecken und den Geldbeutel schonen

SPAREN

● *Im Schlaraffenland der Kekse*
In Polch werden Süßmäuler glücklich, denn hier befindet sich der Fabrikverkauf der Firma *Griesson de Beukelaer*. Bevor Sie sich entscheiden, können Sie an der Probiertheke erst mal testen → S. 31

● *Netter Roboter mit Weitblick*
Der *Indemann* steht zwar ganz knapp nicht mehr in der Eifel. Aber zu dem für Umwelt- und Landschaftsgestaltung gekürten Aussichtsturm, der wie ein netter Roboter aussieht, müssen Sie trotzdem hin. Der Aufstieg zum Blick auf den umstrittenen Tagebau Inden ist gratis → S. 43

● *Geschichtswissen zum Nulltarif*
Burgen und Fachwerkhäuser in den Stadtkernen der Eifel-Städtchen lassen tief in die Geschichte der Region blicken. Mit einem Stadtplan des Touristbüros sowie den Informationstafeln an historischen Gebäuden erkunden Sie z. B. *Münstermaifeld* im eigenen Tempo → S. 77

● *Gratis ins Museum*
Die meisten Museen in der Eifel verlangen Eintritt. Anders das *Eifelmuseum* und das dazugehörige *Gildehaus* in Blankenheim. Hier können Sie die Geschichte der Eifel und Werke des Eifelmalers Fritz von Wille entdecken – kostenlos → S. 34

● *Guten Gewissens Sprudel schnorren*
Eifeler Quellwasser schmeckt gut, ist so gehaltvoll wie Mineralwasser und kann vielerorts kostenlos abgefüllt werden. In einigen Orten gibt es zentrale Brunnen, an denen Sie Ihre Flasche(n) einfach unter den Hahn halten können. Einer davon steht im Hof der Touristeninformation von Einruhr: die *Heilsteinquelle* → S. 39

● *Mit dem Ranger unterwegs*
Auf Spurensuche durch die Natur: Der *Nationalpark Eifel* bietet dazu ein volles Programm. An den geführten Wanderungen mit dem Nationalpark-Ranger können Sie kostenfrei und ohne Anmeldung teilnehmen → S. 40

●●●● Diese Punkte zeichnen in den folgenden Kapiteln die Best-of-Hinweise aus

TYPISCH EIFEL
Das erleben Sie nur hier

● *Geschichten von damals*
Wer Landlust verspürt, ist in der Eifel richtig. Schon immer haben die Menschen hier als Bauern und Handwerker gelebt. Das *Freilichtmuseum Kommern* mit seinen historischen Gebäuden und vielen Veranstaltungen bringt Sie zurück in die Vergangenheit → S. 35

● *Den Römern auf der Spur*
Entlang der einstigen Agrippastraße von Trier nach Köln haben die Römer viele Spuren hinterlassen. Auf dem Erlebnis-Rundweg im *Archäologischen Landschaftspark* von Nettersheim stoßen Sie auf mehrere davon, darunter der berühmte „Grüne Pütz": Die römische Quellfassung war einst der Startpunkt der römischen Wasserleitung nach Köln → S. 36

● *Landlust, Mordlust, Leselust*
Der Boom der Eifelkrimis hat die Region zu Deutschlands Detektivlandschaft Nummer eins gemacht. Beginnen Sie Ihre Ermittlung in Hillesheim. Im *Kriminalhaus* können Sie sich der Lektüre hingeben, auf dem Krimi-Wanderweg Spuren sichern und im *Café Sherlock* den Tag beim „Fünf-Uhr-Tod" ausklingen lassen → S. 62

● *Nürburgring: Adrenalin pur!*
Sie trägt nicht ohne Grund den Namen „Grüne Hölle": die berühmt-berüchtigte *Nordschleife* des Nürburgrings. Wer den Nervenkitzel selbst erleben möchte, kann die Strecke mit dem eigenen Auto oder Motorrad befahren oder sich neben einen Profirennfahrer setzen. Doch auch während der *Nürbus Eifeltour* geht es rasant zu → S. 102

● *Fast wie Venedig ...*
Kunstvoll bemalte Fensterläden, farbige Balken und mit Schiefer bedeckte Dächer – märchenhaft ist beispielsweise *Monreal* anzusehen, dessen Ortsbild durch die sanft plätschernde Elz, Fachwerkhäuser und drei Steinbrücken gekrönt wird → S. 75

● *Das Leben versüßen: Café-Genuss*
Die Eifel besticht durch ein reiches Angebot an himmlischen Kuchen, Torten und Teilchen. In einem ehemaligen Kuhstall in Hüttingen duftet es zwischen unzähligen Bügeleisen und Gusseisernem im *Ofen- und Eisenmuseum* herrlich nach Waffeln mit heißen Kirschen → S. 48

BEST OF ...

SCHÖN, AUCH WENN ES REGNET
Aktivitäten, die Laune machen

● *Hinab in die Unterwelt*
Ein trockenes, wenn auch dunkles Plätzchen: Im *Deutschen Schieferbergwerk* in Mayen tauchen Sie ein in den Alltag der Bergleute. In den alten Stollen stehen noch die Loren, Bagger und Presslufthämmer → S. 72

● *Trocken durchs Nasse schippern*
Selbst wenn's schüttet: Die Ausflugsboote der *Rurseeschifffahrt* sind auch bei Regen unterwegs. Ziehen Sie den Ostfriesennerz an oder, wenn's zu heftig wird: Gehen Sie einfach unter Deck und gucken Sie aus dem Fenster → S. 39

● *Ab in die wärmende Sauna*
Im Kurviertel von Bad Neuenahr liegt der perfekte Ort für einen regengrauen Tag: In der Sauna- und Thermallandschaft der *Ahr-Thermen* werden Sie sich wohlfühlen (Foto) → S. 83

● *Bei Regen ins Reich der Schatten*
Das *Rheinische Landesmuseum* in Trier beweist in seiner Dauerausstellung mit zahlreichen archäologischen Schätzen nicht nur, dass Trier die älteste Stadt Deutschlands ist, sondern entführt Sie in einer einzigartigen medialen Inszenierung ins „Reich der Schatten" → S. 53

● *Blick ins Wohnzimmer des Adels*
Schloss Bürresheim bei Mayen ist von Kriegen und Plünderungen verschont geblieben, und so ist die Entwicklung von der Mittelalterburg zum Barockschloss deutlich erkennbar. Die originale Inneneinrichtung entführt Sie ins Leben des Adels vom 15. bis ins 20. Jh. → S. 77

● *Alles auf Anfang*
Was hat Kreide mit der Entstehung der Erde zu tun, und seit wann gibt es eigentlich Säugetiere auf unserem Planeten? Im *Devonium* in Waxweiler ist schlechtes Wetter schnell vergessen, denn hier wird Wissenschaft spannend und spielerisch erlebbar gemacht → S. 47

REGEN

ENTSPANNT ZURÜCKLEHNEN
Durchatmen, genießen und verwöhnen lassen

● *Logenplatz am Weinfelder Maar*
Mit einem gut gefüllten Picknickkorb und einem Eifelkrimi legen Sie einen Tag am Ufer eines Maars ein. Das *Weinfelder Maar* mit Blick auf die hübsche Kapelle ist ideal. Abseits der Parkplätze wird man mit Ruhe pur belohnt → S. 60

● *Heiße Dämpfe und warme Wasser*
Dampfend heiß und traumhaft entspannend: Die *Vulkaneifeltherme* in Bad Bertrich ist der richtige Ort für einen Entspannungstag in der einzigen Glaubersalztherme Deutschlands. Wer bis zum Abend bleibt, kann vom Outdoor-Thermalwasserbecken sogar die Sterne beobachten → S. 60

● *Kloster de luxe*
Sie können natürlich in den spartanischen Gästezellen schlafen. Aber wieso nicht mal meditativen Klostergarten und Refektorium mit 4-Sterne-Luxus kombinieren? Im *Kloster Steinfeld* ist das möglich → S. 35

● *Kirchenstille auf dem Acker*
Den seltsamen sandfarbenen Bau sieht man von Weitem, erst aus der Nähe verliert die Fassade die monolithische Glätte. Die *Bruder-Klaus-Kapelle* in Wachendorf ist ein Kleinod mitten im Feld. Es ist herrlich, hier an einem Spätsommernachmittag oder an einem Wintertag seinen Gedanken nachzuhängen (Foto) → S. 35

● *Dolce vita am Rursee*
Füße hoch, Musik auf die Ohren, Cocktail in die Hand und in den Sonnenstuhl fläzen: Im ersten Beachclub der Eifel, am Badestrand *Eschauel* am Rursee, ist das möglich. Wenn das Wetter mitspielt, fühlen Sie sich hier wie in Italien → S. 42

● *Träumen mit Verdi*
Wenn die Musik von „La Traviata" vor der Kulisse der Burgruine von Monschau erklingt, dann ist Festspielzeit in dem kleinen Ort. Und ein guter Moment, um in einer lauen Sommernacht den Rest der Welt zu vergessen → S. 109

AUFTAKT

ENTDECKEN SIE DIE EIFEL!

Wo genau liegt eigentlich die Eifel? Gar nicht so einfach zu beantworten, die Frage. Schließlich umschließt der westlichste Zipfel Deutschlands ein riesiges Gebiet und eines der letzten *Naturparadiese* Europas. Doch es sind nicht nur die erloschenen Vulkane und die Kraterseen, die die Eifel so unverwechselbar machen.
Zu ihren Trümpfen zählen die Rennstrecke am Nürburgring ebenso wie die Klosterkirche von Maria Laach. Im Süden grenzt die Eifel an die älteste Stadt Deutschlands: Trier, einst Metropole des Römischen Reichs. Spuren der *Römer* finden sich allerorts, so wie Spuren der Vulkane, die hier noch nicht erloschen sind. Nirgendwo in Europa gibt es wohl eine Landschaft, in der Sie so anschaulich erleben, wie die Welt sich zu dem formte, was sie heute ist. Aus dem Erdinneren sprudeln *Geysire* und auch anderes, das viel gerühmt wird: *Quellwasser*. Apollinaris ist hier ebenso zu Hause wie Gerolsteiner, das wiederum zum Bitburger-Konzern gehört – richtig, auch der deutsche Marktführer unter den Bieren stammt aus der Region. Zwischen Koblenz und Köln, Aachen und Trier also liegt die Eifel. Und sie ist wirklich riesig – nicht nur geografisch.
Sie ist vielseitig, diese Eifel. Und voller Zeugnisse der Weltgeschichte. Die ältesten finden Sie bei Gerolstein, und dazu müssen Sie nur nach oben schauen. Vor Ihnen

Bild: Fachwerkhaus in Monschau

Bilderbuch-Eifel: Blick auf Berlingen und die Kasselburg im Morgennebel

ragen Felsen eines uralten, gewaltigen Korallenriffs in die Höhe: Meeresboden, 350 Mio. Jahre alt. Wo heute häufig genug Sauwetter ist, war vor Urzeiten einmal Südsee. Es ist gerade einmal 100 Jahre her, da suchten damalige Touristen in Gerolstein den Boden nach Steinen ab, die Korallen, Seelilien, Armfüßler, Muscheln oder Schnecken einschlossen oder der deren Abdrücke aufwiesen.

Vor 350 Millionen Jahren war hier Südsee

Finden können Sie heute noch ganz andere Spuren der Weltgeschichte. Etwa die des ersten Europäers, Karl des Großen: Sie lassen sich zwischen Mürlenbach, Prüm und Aachen verfolgen. Das *Mittelalter* wird lebendig in Fachwerkstädtchen wie Monschau, Monreal und Bad Münstereifel. 140 Burgen haben die verfeindeten Eifeler Adelsgeschlechter hinterlassen, die meisten sind heute romantische Ruinen. Aber auch die deutsche Paradeburg, die Burg Eltz, liegt in der Eifel. Die einst mächtigen Klöster haben Landschaft und Menschen geprägt. Noch

um 35 000 v. Chr. Neandertaler streifen durch die Eifel

11 000 v. Chr. Letzter Ausbruch des Laacher Vulkans

52 v. Chr. Cäsar unterwirft die Gallier. Die Eifel wird römisch

5. Jh. n. Chr. Die Franken lösen die Herrschaft der Römer ab

1688 Im Pfälzischen Erbfolgekrieg von 1688–97 zerstören die Franzosen die meisten der 140 Eifeler Burgen

1794 Französische Revolutionstruppen besetzen die Eifel

AUFTAKT

heute laden Abteien wie Himmerod und Maria Laach zur stillen Einkehr ein.

In der Gegenwart hinterlassen Motorsportfans aus aller Welt ihre Spuren in der Eifel: Sie alle zieht es zum *Nürburgring*, dem Mekka der Bleifußsportler. Immer mehr Veranstaltungen am Ring sind allerdings nicht mehr nur am Motorsport ausgerichtet: So verlängern zum Beispiel beim Truck Grand Prix oder beim DTM-Wochenende Konzerte, Showprogramme und Feuerwerke das „Ring-Erlebnis" – inzwischen für die ganze Familie. Ins Städtchen Hillesheim dagegen pilgern die Freunde des gepflegten Mord und Totschlags: Die Eifel ist Deutschlands *Krimilandschaft* Nummer eins, und Hillesheim ist deren selbst ernannte Hauptstadt.

Kaum noch nachvollziehbar erscheint es angesichts solch reicher Geschichte, wieso das Brockhaus-Lexikon 1837 vermeldete: „Eifel (die) ist ein ödes, unfruchtbares, an Kalk, Schiefer, Basalt, alter Lava reiches Gebirge in der preußischen Provinz Rheinland." Öd und langweilig? Das war vorgestern. Heute kommen Großstädter in die Eifel, weil sie der Natur so nah wie möglich sein möchten, ohne den ausgetretenen Spuren des Massentourismus

Öd und langweilig? Das war gestern

zu folgen. Trotz aller Investitionen in die touristische Infrastruktur haben es die Eifeler nämlich verstanden, Landschaft und ländliche Kultur zu erhalten. Die Zeiten, in denen man alte Häuser und Höfe einfach abriss, um an ihrer Stelle gesichtslose Neubauten zu errichten, sind vorbei. Die Konzepte zur *Dorferneuerung* haben zuletzt viel bewirkt. Besucher staunen oft, mit welcher Liebe selbst in kleinsten Orten alte Gebäude herausgeputzt wurden. Das wäre ohne ein neues Selbstbewusstsein und Heimatverbundenheit nicht gelungen. In vielen Dörfern leben *alte Traditionen*

1815 Nach Napoleons Niederlage wird beim Wiener Kongress die Eifel dem Königreich Preußen zugeschlagen

1938/39 Mit dem Bau des Westwalls an der Grenze zu Luxemburg und Belgien bereiten die Deutschen den zweiten Weltkrieg vor

1944/45 Bei der Ardennenoffensive und dem anschließenden Vormarsch der Alliierten werden viele Dörfer und Städte zerstört

1945 Die Südeifel steht unter französischer Besatzung, die Nordeifel gehört zur britischen Zone

weiter. So gilt oft noch, dass ein ortsfremder junger Mann, der dreimal bei einem Mädchen gesehen wurde, anderen Junggesellen eine Runde ausgeben muss, wenn er sie weiter besuchen möchte. Bei Hochzeiten wird „geschliffen", d. h. mit einem rotierenden Eisenrad und einer Stange viel Krach gemacht. Eine Kirmes kann erst beginnen, wenn der Kirmesknochen, meist ein Ochsenschädel, ausgegraben ist. Nach dem Fest wird er wieder eingebuddelt.

> **Wanderschuhe an und raus in die Natur!**

Die Eifeler sind bodenständig, haben aber durchaus einen hintersinnigen Humor, der manch originelle Idee hervorbringt. Oder wie sonst kommt Echternacherbrück darauf, Wettbewerbe im Unterwasserbierfassrollen auszurichten? In Mützenich bebt beim Kaltblutrennen (ja genau, da sind die dicken Pferde) der Boden. Wer Bitburger Ehrenbürger werden will, muss sich zuvor mit einem gräulichen Sud öffentlich taufen lassen. In Eicherscheid findet das „Hahnenköppen" statt, das nicht so blutrünstig ist, wie es klingt. Und eines der beliebtesten Spiele in den Dörfern ist das Kuhfladenroulette.

Die Hektik der Großstädte vermisst niemand hier. Im Gegenteil: Die Städter fahren in die Eifel, um Ruhe zu finden. Sie kommen in Scharen, kramen ihre Wanderstiefel raus, pflücken Äpfel, träumen von Pflaumenkuchen und Spaziergängen durch die *dichten Wälder* der Region. Die Eifeler fahren im Gegenzug am Samstag nach Köln, um danach zu erzählen, wie schlimm Staus und Gedränge waren. Typisch für diese Haltung ist wohl ein Landwirt aus der Gegend um Neuerburg. Sein „Dorf" besteht aus einem einzigen Bauernhof, den er mit seiner Familie und seinen 30 Kühen bewohnt. Bis zum nächsten Nachbarn hat er einige Kilometer Weg. Auf die Frage, ob er sich nicht manchmal einsam fühle, antwortet er: „Nein, wieso? Ich bin hier geboren. Ich habe nie anders gelebt. Und einmal im Jahr geh ich ins Nachbardorf zur Kirmes."

Die Eifel ist aber auch eine sehr alte Industrielandschaft. Vor allem die *Eisenindustrie* ist hier verwurzelt. Stahlbarone wie Hoesch oder Poensgen, die das Ruhrgebiet zum Zentrum der deutschen Kohle- und Stahlindustrie machten, betrieben ihre ersten Eisenhütten in der Nordeifel. Und steinreich ist die Eifel. Das Reichstagsgebäude in Berlin wurde aus Sandsteinblöcken gemauert, die im Kylltal abgebaut wurden, das brachte Geld in die Region.

1946 Die Eifel liegt nun in den neuen Bundesländern Rheinland-Pfalz und Nordrhein-Westfalen

1994 US-Truppen räumen die Air Base Bitburg. Als Nato-Stützpunkte verbleiben Spangdahlem (USA) und Büchel (Bundeswehr)

2004 Der Nationalpark Eifel wird eröffnet

2018 Trier feiert den 200. Geburtstag von Karl Marx

2022 Bad Neuenahr-Ahrweiler ist Austragungsort der Landesgartenschau

AUFTAKT

Vielleicht wird aus dieser Traube ein hervorragender Spätburgunder: Weinlese an der Ahr

Faszinierend ist in der Eifel alles, was sich um das Wörtchen „Geo" dreht. Auf geologischen Wanderpfaden kann man vulkanisches Feuer spüren, ohne sich in Gefahr zu begeben. Ab und zu bebt die Erde immer noch, zuletzt im Sommer 2018. Einige der unterirdischen *Vulkane* der Eifel sind noch aktiv. Doch Angst braucht niemand zu haben: Mit einer Katastrophe ist wohl erst wieder in den nächsten Jahrtausenden zu rechnen.

Für ein wenig Nervenkitzel in einem Maarkessel oder einem Vulkanschlot – dafür reicht's aber auch ohne Panikmache allemal. Für die heutige Zeit gilt das Motto „Eifel – Lust auf Natur". Zwei

Im Erdinneren der Eifel brodelt es bis heute

grenzüberschreitende *Naturparks* haben sich die Bewahrung natürlicher und landschaftlicher Besonderheiten zur Aufgabe gemacht: der Deutsch-Belgische Naturpark Hohes Venn-Eifel im Norden und der Deutsch-Luxemburgische Naturpark im Süden, der die Südeifel und die Luxemburger Schweiz umfasst.

Natur erleben können Sie in der Eifel auf vielfältige Weise: Wer die Extreme liebt, kann es bei einem Survivaltraining in den Wäldern versuchen oder bei einer Wildwasserfahrt im Kayak über die Irreler Wasserfälle. Entspannter geht es bei „Eifel zu Pferd" zu: Ein Netz von Reiterhöfen ist über das ganze Land verstreut. Und in der Nordeifel ist der erste *Nationalpark* im Westen von Deutschland entstanden. Der lässt sich erwandern. Auch dafür ist die Eifel – neben so vielem anderem – berühmt.

IM TREND

1 Karl ist cool!

Kommunistenkult Die Trierer waren nicht immer begeistert von ihrem berühmtesten Bürger. Schließlich ist der Koautor des „Kommunistischen Manifests" politisch umstritten. Die Chinesen dagegen fanden Karl Marx schon immer klasse. So schenkten sie seiner Heimatstadt anlässlich des 200. Geburtstags des Philosophen 2018 eine 5,50 m hohe Bronzeskulptur (Foto), die seitdem auf dem Simeonstiftplatz thront. Die Errichtung des Denkmals wurde in Trier heftig diskutiert, was der Stadt internationale Medienpräsenz bescherte. Und, oh Wunder: Seitdem finden die meisten Trierer den alten Kommunisten kein bisschen anrüchig mehr. Stolz posieren sie vor dem Riesen-Kalle und posten Selfies der „zwei Trierer" in den sozialen Netzwerken. Das können Sie auch – selbst wenn Sie kein echter Trierer sind.

Was war noch mal Rock am Ring?

2

Tollrock Was die in Wacken oder bei „Rock am Ring" können, können wir schon lange, sagten sich 2002 ein paar Jungs aus Schmidt bei Nideggen und stellten ihr eigenes Rockfestival auf die Beine. Seitdem ist das zweite Wochenende im Juli bei Rock- und Metal-Fans ein Pflichttermin. Auch wenn die ganz großen Namen (noch) fehlen – bei den zahlreichen Coverbands kann man gut gelaunt mitgrölen. 2018 erfolgte dann die Krönung der überwiegend ehrenamtlichen Bemühungen: Während „Rock am Ring" weit vom Ausverkauf entfernt war, hatten sie bei „Tollrock" ein volles Haus. Okay, auf den Ring passen knapp 90 000 Fans und auf das Schmidter Gelände maximal 3500. Aber man wächst ja mit seinen Aufgaben. Schöne Geste: Der Gesamterlös geht an die Ortsvereine, die auch selbst mit anpacken *(www.tollrock.de)*.

In der Eifel gibt es viel Neues zu entdecken. Das Spannendste auf diesen Seiten

Tässchen Kaffee gefällig?

3

Erntedank Sie meinen, gut besuchte Umzüge mit aufwendig ausstaffierten Wagen gibt es nur beim Karneval in Köln? Von wegen! In Orten wie Dollendorf, Meerfeld oder Mützenich (Foto) finden Erntedankumzüge statt, die den Vergleich mit zünftigen Karnevalszügen nicht zu scheuen brauchen. Nur eben mit Forken und Traktoren statt mit Pappnasen und Tröten. Rheinischer Frohsinn auf Eifeler Art. Dabei findet die Jugend den uralten Brauch kein bisschen altbacken. Im Gegenteil: Alle werkeln wochenlang mit, um die Trecker und vor allem ihre Hänger möglichst eindrucksvoll zu dekorieren. Haben Sie beim Umzug ein Glas dabei und seien Sie sicher, dass kein Kaffee drin ist, wenn Ihnen jemand „ein Tässchen Kaffee" ausschenkt. Hicks!

Rotkäppchen, pass auf!

4

Comeback Selbst wenn sich so gut wie alle bisherigen Sichtungen als Enten erwiesen: Der Wolf kommt zurück in die Eifel. Mit Wanderausstellungen und Sensibilisierungskampagnen wird versucht, Besucher und Einheimische auf den neuen Mitbewohner vorzubereiten. Denn nicht alle sind begeistert von der Wiederkehr des Märchen-Schurken. Schäfer fürchten um ihre Herden, denn zu einem wolligen Leckerbissen sagen Wölfe selten nein. So mancher Landwirt hofft dagegen heimlich, der neue Kollege könnte die lästigen Mufflons fressen, die ihren Kühen das Gras wegnaschen. Und im Sommer 2018 wurde tatsächlich der erste Isegrim in der Nordeifel entdeckt: Mufflons, seid auf der Hut! Das größte Wolfsrudel Westeuropas lebt übrigens schon in der Eifel – wenn auch hinter Gittern im Wolfspark Kasselburg *(www.greifenwarte.net)*.

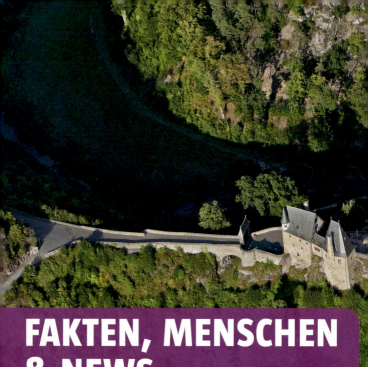
Bild: Burg Eltz

FAKTEN, MENSCHEN & NEWS

EIFELPEST

Jedes Frühjahr, wenn endlich der letzte Schnee geschmolzen ist, geht es wieder los. Kaum haben die Eifeler die Gartenmöbel rausgestellt, sitzt sie auch schon in den Startlöchern: die Eifelpest. So lautet der wenig schmeichelhafte Name der Einheimischen für die Horden von Motorradfahrern, die vor allem an den Wochenenden in die Eifel einfallen. Weder offizielle Beschwerden noch Rüttelstreifen, Geschwindigkeitsbegrenzungen oder sogar Protestaktionen, bei denen wütende Anwohner Park- und Rastplätze besetzten, konnten den Biker-Terror bislang stoppen. Sollten Sie nun zu der Sorte gehören, die nicht wie die Irren heizt und auch ihre Maschinen nicht auf Düsenflieger-Lautstärke getunt hat, brauchen Sie sich nicht angesprochen zu fühlen. Auf Sie trifft das an etlichen Cafés und Raststätten prangende Motto „Bikers Welcome" zu. Für die Raser- und Krachmacherplage hingegen gilt: Lieber mal 'nen Gang runterschalten!

JEDEM SEINE BURG

„Oh, nee, Mama, ich geh keinen Schritt weiter!" Für lustlose Jugendliche kann ein Eifel-Urlaub übel sein, wie diese in Blankenheim aufgeschnappte Teenager-Klage belegt. Schließlich gibt es mehr als 130 Burgen zu besichtigen, und der Weg hinauf ist oft heftig. Wie gut daher, dass etliche davon Ruinen oder in Privatbesitz sind, sodass sich der steile Aufstieg nicht immer lohnt. Zur Wahrung des Familienfriedens empfiehlt sich der weniger schweißtreibende Besuch einer

Burgen, Biker, Sex & Crime hinter der Buchenhecke und ein Nationalpark: In der Eifel steppt nicht nur der Waschbär

Wasserburg wie Schloss Burgau in Düren. Aber sorry, müde Teenies, ihr müsst jetzt ganz tapfer sein: An Burg Eltz bei Mayen, der schönsten und besterhaltenen Ritterburg Deutschlands, führt kein Weg vorbei – sondern ein langer, beschwerlicher hin.

FACHWERK & CO.

Das alte Gebälk der Fachwerkhäuser wird heute liebevoll restauriert in Szene gesetzt. Ganze Fachwerkensembles sind z. B. in Monschau, Bad Münstereifel, Blankenheim oder Monreal zu bestaunen. Bei der Konstruktion der Bauernhäuser spielte der Wettereinfluss eine große Rolle, daher sind die Dächer zum Teil etwas tiefer heruntergezogen oder die Fassaden mit Schiefer verkleidet. Oft ist zu sehen, dass sich traditionelles Fachwerk und moderne Baukunst nicht ausschließen müssen, im Gegenteil: Alt und neu bilden eine spannende Symbiose. Typisch in der Osteifel sind die aus blaugrauem Basaltstein gebauten Häuser. Heller Tuffstein lockert die eher dunkle Fassade auf, er rahmt die Fenster ein oder verziert in Form kunstvoll gefertigter Friese und Reliefs die Fassade.

MUFFELIGE KITZE

Wenn Ihnen im Nationalpark Eifel im Frühjahr auf einmal eine Art Rehkitz hinterherläuft, handelt es sich höchstwahrscheinlich um einen kleinen Muffel. Der Nachwuchs der Anfang des 20. Jhs. aus Korsika eingeführten Jagdwilds ist nämlich am Anfang ziemlich zutraulich und kann menschliche Herden nicht richtig von seiner eigenen unterscheiden. So kommt es vor, dass ein junges Mufflon den Aufbruch seiner Muffelwild-Familie verschläft und sich schnurstracks eine neue sucht – das könnten auch Sie sein. Nehmen Sie den Muffel aber besser nicht mit heim, sondern geben Sie ihn am nächsten Nationalpark-Tor ab.

HERZBLATT-STORY

Es war einmal eine Herzogstochter namens Genoveva. Sie war glücklich mit dem Pfalzgrafen Siegfried verheiratet. Leider musste der in den Krieg (in welchen, weiß keiner so genau) und ließ die Gattin zurück. Prompt machte sich sein Statthalter Golo an die schwangere Strohwitwe heran. Als die ihn abblitzen ließ, unterstellte der verschmähte Lover ihr eine Affäre mit einem Koch und ließ sie wegen Treulosigkeit zum Tod verurteilen. Doch der Henker, der Genoveva im Grünen erledigen sollte, machte seinen Job nicht, und so lebte sie künftig versteckt in einer Höhle im Wald. Aus Mitleid mit der alleinerziehenden Mutter schickte die heilige Maria eine Hirschkuh, die beim Stillen half. Nach sechs Jahren fand Siegfried Frau und Kind wieder sowie Genovevas Unschuld heraus, der böse Golo wurde geviertelt ,und sie lebten glücklich und zufrieden bis an ihr Ende. Ein Eifeler Märchen, sagen Sie? Mag sein. Aber was hat es dann mit der Genovevahöhle bei Mendig und der Genovevaburg in Mayen auf sich? Und warum steht in der Fraukirch bei Thür eine Grabplatte mit Genoveva und ihrem Siegfried drauf?

MORD & TOTSCHLAG

Der Eifelkrimi – beginnend mit Jacques Berndorfs „Eifel-Blues" aus dem Jahr 1989 – wurde deutschlandweit zur Marke und die Eifel damit zur Krimilandschaft schlechthin. Mittlerweile lassen Dutzende Autoren in der Eifel morden, betrügen und kidnappen. Im Zentrum des Verbrechens steht dabei der Ort Hillesheim, der sich mit dem Kriminalhaus zur Krimizentrale gemausert hat. Die Storys lesen sich fast wie Reiseführer: Die Handlung der Eifelkrimis ist fiktiv, Schauplätze und Orte sind jedoch real. Deshalb kann man auf einem Krimiwanderweg auf Spurensuche gehen. Er verbindet auf zwei Routen (18 und 20 km) elf Schauplätze miteinander. *www.krimiland-eifel.de*

BLUBBERWASSER

Viele Touristen bezeichnen Maare als Kraterseen – und liegen falsch. Anders als ein Krater, der nach der Eruption eines Vulkans entsteht, ist ein Maar die Folge einer Implosion des Bodens. Wenn Magma im Erdinneren auf Wasser trifft, verwandelt sich die Flüssigkeit explosionsartig zu Wasserdampf und sprengt durch ihre plötzliche Ausdehnung kraterförmige Löcher in die Landschaft. Einige dieser Trichter füllten sich später mit Wasser und bilden die einzigartigen Seen, für die die Eifel berühmt ist.
Geologen haben über 50 Maare in der Eifel gezählt, von denen nur elf mit Wasser gefüllt sind. Das größte Maar ist der Laacher See. Wer am Nordufer des Sees spazieren geht, sieht immer wieder

blubbernde Blasen an der Wasseroberfläche. Diese sogenannten Mofetten bestehen aus Kohlensäuregas, das aus den Tiefen des Gesteins stammt – und anzeigt, dass der Vulkanismus in der Eifel keineswegs erloschen ist. Das bekannteste, weil typisch runde Maar ist das Weinfelder Maar (Totenmaar) bei Daun. Und hier noch zwei Superlative: Mit 75 m ist das Pulvermaar das tiefste, mit 9500 Jahren das Ulmener Maar das jüngste der Eifeler Maare.

FAST WIE YELLOWSTONE

Als am 1. Januar 2004 der Nationalpark Eifel nach dem Vorbild des streng geschützten Nationalparks Bayerischer Wald gegründet wurde, lachten die Eifeler sich fast kaputt. Ein Nationalpark? Wie die in Amerika? Bei uns in der Eifel? Doch der Spott verstummte schnell, denn der Park ist eine echte Erfolgsgeschichte. Er umfasst auf 110 km² Fläche den früheren Truppenübungsplatz Vogelsang sowie die Buchenwälder des Kermeter und die Urfttalsperre. Es handelt sich um einen nordeuropäischen Urwald: Damit sich wieder jene geschlossenen Laubwälder entwickeln, wie sie früher in der Region typisch waren, bleiben zwei Drittel der Fläche der Natur überlassen – ohne jegliche menschliche Nutzung. Wie sich das für einen Nationalpark gehört, gibt es hier auch richtige Ranger. Die kennen sich nicht nur gut aus, sondern teilen ihr Wissen auch mit Ihnen. Regelmäßig finden kostenlose geführte Rangertouren statt. Am Treffpunkt erkennen Sie die Jungs problemlos an der grünen Kleidung und dem großen Hut. *www.nationalpark-eifel.de*

STREETGANGS

Die Eifel wird zunehmend zum Ziel krimineller Banden. Ursprünglich aus Nordamerika stammende Familienclans lauern Picknickern am Wegesrand auf, klauen in Gärten die Beeren von den

Im Frühling wachsen überall wilde Narzissen auf den Wiesen und Hängen der Eifel

Sträuchern und schrecken selbst vor Wohnungseinbrüchen nicht zurück. Aufgrund ihrer Zorro-Masken sind sie fast unmöglich zu identifizieren oder dingfest zu machen. Also Achtung: Wenn Sie einem oder gleich mehreren von den Jungs begegnen, lassen Sie sich von den süßen Knopfaugen und den knuffigen Näschen nicht täuschen. Vor allem halbwüchsige Waschbären neigen mit ihren spitzen Zähnen und scharfen Krallen zu aggressivem Macho-Gehabe. Ausgesprochen vermehrungsfreudig sind die Kerle auch noch. Alle Versuche, den Bestand der Bad Boys in den Griff zu bekommen, scheiterten bislang. Zum Leidwesen der bei Revierstreitigkeiten mit Waschbären meist unterlegenen heimischen und geschützten Wildkatzen.

RU(H)R

Bis in die 1950er-Jahre wurde die Ruhr mit „h" geschrieben, wie auch das Ruhrgebiet, was zu ständigen Verwechslungen führte. Deshalb gab die kleinere Rur, der Fluss der Nordeifel schlechthin, ihr „h" ab und Dörfer wie Rurberg oder Einruhr durften selbst über ihre Schreibweise entscheiden – obwohl die Rur ohne „h" der Namensgeber für beide Dörfer ist. Das Flüsschen entspringt in den Venn-Sümpfen bei Sourbrodt, nach 207 km mündet es in die Maas. Die Ruhr mit „h" dagegen entspringt im Rothaargebirge und mündet in den Rhein.

SCHNEIFEL

Der Begriff Schneifel hat nichts mit Schnee oder Eifel zu tun: Er leitet sich aus dem früheren Sprachgebrauch dieser Region ab und bedeutet so viel wie Schneise (über den Höhenzug). Die Schneifel verläuft von Brandscheid bei Prüm nach Nordosten bis Ormont entlang der belgischen Grenze. Im Winter liegt hier der Schnee mit am längsten in der gesamten Eifel, Wintersport ist am Schwarzen Mann (697,3 m) möglich. Lassen Sie sich nicht vom Begriff „Schnee-Eifel" irritieren: Der klingt ähnlich wie Schneifel, beschreibt aber ein wesentlich größeres Gebiet: einen Gebirgszug in den westlichen Hochlagen der Eifel.

WASSERTANKS

Trinkwasser- und Energieversorgung, Hochwasserschutz und Freizeitvergnügen – all diese Funktionen erfüllen die 15 Talsperren im Einzugsbereich der Rur. Sie prägen unübersehbar das Landschaftsbild der Nordeifel. 1959 wurde die größte der Talsperren fertiggestellt: Schwammenauel ist mit einem Fassungsvermögen von 205 Mio. m^3 die zweitgrößte Talsperre Deutschlands nach der Bleiloch-Talsperre in Thüringen. Der Name erinnert an ein Gehöft an der Rur, das durch Hochwasser zerstört wurde.

PULVERFÄSSER

Die Eifellandschaft wurde nachhaltig durch Vulkanausbrüche geprägt. In zwei verschiedenen geologischen Epochen

FAKTEN, MENSCHEN & NEWS

Ob Kayak oder Kanu: Eine Paddeltour auf der Rur ist familientauglich und erlebnisreich

entstanden die charakteristischen Vulkankegel und Maare. Etwa 130 Eruptionsstellen stammen aus dem Tertiär (vor etwa 50 Mio. Jahren), darunter die Hohe Acht, der mit 746 m höchste Berg der Eifel. Im Quartär brachen etwa 320 Vulkane aus. Die Ausbrüche begannen vor rund 700 000 Jahren und endeten mit dem jüngsten Ausbruch am Ulmener Maar vor 9500 Jahren. Trotz der langen Ruhephase sehen Geologen den Eifelvulkanismus nicht als erloschen an, die Vulkane würden nur vorübergehend „schlafen".

WESTWALL

Auf 630 km Länge, von Basel über Trier bis nach Kleve am Niederrhein, zogen sich die Befestigungen des Westwalls an der deutschen Grenze entlang. Erbaut wurde der Westwall in den Jahren 1938–40 zur Vorbereitung des Zweiten Weltkriegs. Die Anlagen bestanden aus verbunkerten Kampfstellungen und Panzersperren, der sogenannten Höckerlinie. Seinen eigentlichen Zweck erfüllte der Westwall nie. Er wurde kurz vor Kriegsende 1945 einfach von den Panzern der Alliierten überrollt. Obwohl die meisten Bunker gesprengt wurden, stößt man im Westen der Eifel heute noch vielerorts auf Reste der Höckerlinie. Eindrücke vom damaligen Geschehen vermittelt das Westwall-Museum in Irrel. Es wurde in einer Artilleriestellung eingerichtet.

SCHNEESTURMSCHUTZ

Sie sind eine echte Spezialität der Region, die mächtigen Windschutzhecken der Nordeifel und des Hohen Venn. Als moderne Dämmtechniken noch unbekannt waren, gaben die haushohen grünen Mauern Schutz vor atlantischen Stürmen. Kunstvoll wurden dafür Stämme von Rotbuche und Weißdorn miteinander verwoben und immer wieder beschnitten. So konnten sie kräftig austreiben und ein dichtes Blattwerk bilden. Weil die verflochtenen Stämme ihr Laub bis zum Frühjahr tragen, können die Hecken selbst Winterstürmen trotzen. Besonders prächtig sind die Hecken im Monschauer Höhendörfern.

ESSEN & TRINKEN

Preußisch-Sibirien wurde die Eifel im 19. Jh. oft genannt. Milch und Honig flossen keineswegs üppig, nicht einmal in den Herrenhäusern des Adels. Acker und Stall, Jagd und Wald gaben kaum das her, was zum Überleben nötig war. So glänzen die überlieferten Rezepte weniger durch Opulenz als durch Einfallsreichtum.

Aus wenig so viel machen wie möglich – das war das wichtigste Rezept der Eifeler Hausfrau. Dabei stand ihr zur Verfügung, was Landwirtschaft und Garten lieferten, dazu sammelte sie Früchte und Kräuter. Die Blätter des jungen *Löwenzahns* eignen sich bestens für einen Salat, der mit Kartoffeln und Speck serviert wird. *Hongslatze* wird das noch heute beliebte Gericht genannt. Viele Eifeler schwören zudem auf *Döppekooche*, einen Teig aus geriebenen Kartoffeln, Zwiebeln und Speck, der in der gusseisernen Form wie ein Kuchen gebacken wird. Oder auf *Teertisch*, mit Sauerkraut und Speckwürfeln vermengten Kartoffelbrei. Eifeltypisch sind neben Erbsen- auch Linsen- und Kohleintöpfe. Da *Obst* in der Eifel immer reichlich vorhanden ist, gibt es eine Fülle von Marmeladen, Obstkuchen, Säften. In der Grenzregion zu Belgien ist zudem der typische *Reisfladen* weit verbreitet.

Ein Fisch, gebraten, gekocht oder geräuchert, ist in der Eifel besonders beliebt: die *Forelle*. Früher waren die Gewässer bekannt für ihren Fischreichtum, sogar Lachse wurden gefangen, wenn sie Flüsse wie Salm, Kyll und Prüm aufwärts wanderten. Heute stammen die Forellen

Bild: Gemüsekomposition mit Trüffeln von Hans Stefan Steinheuer

Von Döppekooche bis Teertisch: Heute wisssen auch Feinschmecker das „Arme-Leute-Essen" früherer Tage zu schätzen

meist aus Zuchtteichen. Und die Lachse sind Importware.
Auch für flüssige Nahrung ist gut gesorgt. Im Ahrtal wird *Rotwein*, vor allem Spätburgunder, angebaut – und das oft in sehr guter Qualität. Die Eifeler fanden aber auch schnell heraus, dass man Wein nicht nur aus Trauben, sondern auch aus Äpfeln keltern kann. Der etwas herbe *Apfelwein* wird in der Trierer Region *Viez* genannt.
Apollinaris, Gerolsteiner und Brohler – das sind klangvolle Namen für *Mineralwässer* aus den vulkanischen Tiefen der Eifel. Die Einheimischen bevorzugen eher Bier: das *Bitburger*, gebraut in einem Familienbetrieb, der sich mit Eifeler Beharrlichkeit an die Weltspitze gesetzt hat. Unter dem Namen *Eifel-Premium-Brand* hat in den letzten Jahren ein Getränk Furore gemacht, das früher oft als Rachenputzer galt, heute aber sogar den Aufstieg in die gehobene Gastronomie geschafft hat: *Obstbrände*, hergestellt in Brennereien, die auf vielen Bauernhöfen Teil des landwirtschaftlichen Betriebs

SPEZIALITÄTEN

Backesgrompere – mit Sahne und Wurstscheiben überbackene Speckkartoffeln
Bonne-Strüh – Eintopf aus Sauerkraut und weißen Bohnen, serviert mit Schweinerippchen oder Mettwürstchen
Dicke Bohnen mit Mettwurst – ein deftiges Gericht, das den Bauern Kraft für die Feldarbeit gab
Dütchen – knusprige Biskuithörnchen, gefüllt mit Sahne, Eis oder Früchten; gibt's vor allem in Monschau (Foto li.)
Himmel und Ärd – Äpfel (Himmel) und Kartoffeln (Erde) werden gedünstet und mit Blutwurst serviert (Foto re.)
Jeärschtesupp – dicke Suppe aus Graupen und Rindfleisch
Knudeln – Klöße aus Mehl, Eiern und Milch geformt, in Salzwasser gegart und mit zerlassener Butter serviert. Dazu schmecken Waldbeeren, Pflaumen oder Apfelmus
Kruck – Rübensirup, hergestellt aus den Knollen der Zuckerrübe, von den Einheimischen wegen des Aussehens auch schon mal *Wagenschmiere* genannt. Der Geschmack erinnert an Karamellbonbons. Besonders geeignet als Brotaufstrich oder zu Waffeln
Kwälman – kleine, in der Schale gekochte Kartoffeln. Zum Essen werden die Kartoffeln gepellt und in heißes Öl gestippt. Dazu gibt es *Klatschkäs* (Quark)
Pitter und Jupp – Eintopf aus Wirsing und Möhren, angereichert mit Mettwurstscheiben. Peter und Josef waren einst häufige Namen und standen daher Pate für dieses winterliche Alltagsgericht
Printen – dunkles Honigkuchengebäck aus Mehl und Kandis, vor allem in Aachen und Bad Münstereifel bekannt
Prummewärmp – süße Suppe aus Milch, getrockneten Pflaumen und Mehl mit Zimt
Wellkar – Pfannkuchen aus Buchweizenmehl, serviert mit eingemachtem Obst oder Rübenkraut

sind. Es war Napoleon, der den Bauern im Bitburger Land das Brennen des eigenen Obstschnapses gestattete – und so ist es bis heute geblieben, streng überwacht vom Zoll. Ein gewollter Nebeneffekt des Schnapsbrennens: Die Pflege und Neuanlage von *Streuobstwiesen* steht hoch im Kurs, denn diese liefern ja schließlich den Stoff, aus dem die hochprozentigen Träume gemacht sind. Die

ESSEN & TRINKEN

beiden bekanntesten, auch europaweit zu den Besten zählenden und alljährlich mit vielen Goldmedaillen ausgezeichneten Eifel-Brennereien sind *Faber* in Ferschweiler und *Vallendar* in Kail.

Gastronomisch entwickelt sich in der Eifel gerade so einiges: Erbensuppe und Schniposa – Schnitzel mit Pommes und Salat – als einzige Gerichte auf der Speisekarte haben langsam ausgedient. Inzwischen hat sich eine ganze Reihe Restaurants darauf spezialisiert, **hochwertige Produkte aus der Region** und moderne deutsche Küche anzubieten. Ganz bestimmt gilt nicht mehr die Spruchweisheit einer Eifeler Bauersfrau aus dem 19. Jh.: „War die Kasse leer, musste ein billiges Süppchen her." Im Gegenteil: Für eine Suppe aus selbst gesammeltem Sauerampfer, einer kräftigen Hühnerbrühe, klein geschnittenem Hühnerfleisch, Kartoffelwürfeln, Butter, Eigelb und Sahne lohnt es sich, etwas tiefer in den Geldbeutel zu greifen. Aus der Fülle der Restaurants zwischen Prüm und Mayen, zwischen Bitburg und Monschau ragen einige heraus, die von Gastrokritikern zu den **besten Häusern in Deutschland** gezählt werden. Dazu gehören das *Waldhotel Sonnora* in Dreis bei Wittlich, *Steinheuers Restaurant* in Heppingen und das Historische Gasthaus *Sanct Peter* in Walporzheim, das *Graf Leopold* in Daun, *Kucher's Gourmet-Restaurant* in Darscheid und das *Seehotel Maria Laach*.

Eines jedoch sei nicht verschwiegen: Eifel-Reisende müssen immer wieder die Erfahrung machen, dass das Restaurant ihrer Wahl gerade dann einen Ruhetag hat, wenn sie vor der Tür stehen. Besser, Sie fragen vorher telefonisch nach! Und bitte gehen Sie nicht zu spät zum Mittagessen: Zwischen 14 und 18 Uhr bleibt sonst oft nur der Gang in eine Imbissstube.

Zwischen Tradition und Moderne: Von der Ahr kommen – zum Teil erstklassige – Rotweine

EINKAUFEN

Einen prima Überblick über das, was die Eifel so alles produziert, vermittelt Ihnen die Regionalmarke Eifel *(www.regional marke-eifel.de)*. Hier trotzdem noch ein paar Tipps zu Süffigem, Leckerem und Kreativem.

GERSTENSAFT

Das bekannteste Eifeler Bier ist „Bit", aber das gibt es überall. Interessanter fürs Bier-Tasting daheim sind die Erzeugnisse kleiner Regionalbrauereien wie z. B. INSIDERTIPP Cramer *(www.cramer-bier.de)* aus Wollersheim bei Nideggen. Die seit 1791 aktive älteste Familienbrauerei der Eifel hat auch ein 🌿 Bio-Kellerbier im Sortiment. Wenn Sie in Mendig sind, um „Vulkanbräu" *(www.vulkan-brauerei.de)* zu kaufen, sollten Sie sich auf jeden Fall den Basaltfelsenkeller angucken, den tiefsten Lager- und Gärkeller der Welt.

REBENSAFT

Im Ahrtal gehen Sie am besten direkt zum Winzer, bei dem Sie die edlen Tropfen vor dem Kauf selbstverständlich kosten können. Einen besonders guten Ruf genießen die Weingüter Meyer-Näkel, Kloster Marienthal und die älteste Winzergenossenschaft Deutschlands in Mayschoß *(www.ahrwein.de)*. Sollten Sie gerade in Trier sein: Deutschlands älteste Stadt liegt nicht nur am Rand der Eifel, sondern vor allem an der Mosel. Die hier angebauten Weine haben ihren einst nicht ganz so tollen Ruf längst abgelegt, heute wird vor allem exquisiter Riesling produziert *(www.weinland-mosel.de)*.

HOCHPROZENTIGES

Brennmaterial gibt es bei den ganzen Streuobstwiesen in der Eifel ja reichlich. In fast jedem Dorf finden Sie Hinweisschilder, die Sie zu privaten Produzenten führen. Höchsten Ansprüchen und Qualitätskriterien hat sich die Erzeugergemeinschaft Eifel-Edelbrand *(www.eifel edelbrand.de)* verschrieben. Bodenständiger kommt der im Monschauer Raum verbreitete „Els" daher. Der Kräuterbitter oder -schnaps auf Wermutbasis wurde früher den Kühen bei Appetitlosigkeit verabreicht – alkoholfrei. Nach dem Motto „Was dem Vieh gut tut, kann für den Bauern nicht schlecht sein", erfand man dann die spritige Variante.

In der Eifel finden Sie vor allem flüssige Souvenirs. Leckere Häppchen und das Geschirr dazu gibt's aber auch

KITSCH & KUNST

In der Eifel können Sie wunderbar nach alten Schätzchen stöbern. Noch im letzten Kuhkaff finden Sie Läden, über deren Eingang das Wort „Antiquitäten" prangt. Zugegeben, es ist vielleicht nicht immer eine original Louis-XVI.-Kommode zum Schnäppchenpreis dabei. Aber wenn Sie Trödel lieben, Ölschinken mögen oder Sammeltassen sammeln, stoßen Sie bestimmt auf ein bezahlbares Mitbringsel. Eine gute Adresse zum Entdecken von mehr oder weniger antiker Kunst ist Monschau.

sind Printen, die bekommen Sie in Bad Münstereifel oder Monschau. Das würzige Lebkuchengebäck gibt es in unzähligen Geschmacksrichtungen sowie in Hart und Weich. Achtung: Hartprinten sind nichts für Leute mit bröckeligen Zähnen! b Weniger gefährliche Kekse können Sie vor dem Erwerb beim Fabrikverkauf der Firma 🟢 Griesson de Beukelaer *(www.griesson-debeukelaer.de)* in Polch probieren. Aus der Monschauer Senfmühle kommt die „Moutarde de Montjoie", ein absoluter Klassiker, mittlerweile in 22 Sorten. Auch Senfpralinen werden hier produziert. Klingt fies, schmeckt prima.

SÜSSES & SAURES

Der 🟢 Vulkanhof *(www.vulkanhof.de)* in Gillenfeld ist ein echter Pionier in Sachen Eifel-Ziegenkäse und hat sich strengen Kriterien der Ökologie und Nachhaltigkeit verschrieben. Nicht nur deswegen ist der Käse von hier der beste der ganzen Eifel. Eine süße Leckerei

TÖPFE, PÖTTE & CO.

In Langerwehe töpfern sie schon seit 1000 Jahren. Lothar Kurz stellt im *Töpfereimuseum* (www.toepfereimuseum.de) noch heute Gefäße nach alter Tradition her. Echt schöne, modern designte Pötte finden Sie in Monreal *(www.toepferei-alte-schule-de)*.

NORDEIFEL

Mit dem Boot über den Rursee schippern oder drin baden, mit dem Ranger durch den Nationalpark wandern, Romantik-Feeling erleben in mittelalterlichen Fachwerkstädten mit malerischen Burgruinen. Sie können aber auch kuriose Sehenswürdigkeiten wie die Bruder-Klaus-Kapelle und Kaiser Karls Bettstatt besuchen: Die Nordeifel ist so vielseitig, dass Sie mit dem Entdecken kaum hinterherkommen.

BAD MÜNSTEREIFEL

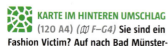 **KARTE IM HINTEREN UMSCHLAG**
(120 A4) (*F–G4*) **Sie sind ein Fashion Victim? Auf nach Bad Münster-eifel (17 000 Ew.)!** Mit seinem denkmalgeschützten Zentrum und der fast komplett erhaltenen Stadtmauer sieht der Kurort aus wie ein normales mittelalterliches Städtchen.
In Wirklichkeit ist aber nahezu die gesamte Innenstadt eine Outlet-Shoppingmeile. 2014 wurde hier das erste deutsche *Factory-Outlet* inmitten eines historischen Ortskerns eröffnet. Zuvor waren die Besucherzahlen massiv gesunken, eine neue Geschäftsidee musste her. Hat funktioniert: Heute werden Sie von Schnäppchenjägern totgetrampelt. Touristen kommen auch, um sich das historische *Rathaus* aus dem 15. Jh. anzusehen oder die Füße in ein Kneipp-Bad zu stecken. Wenn Sie sich lieber nicht in den Outlet-Wahnsinn stürzen, ziehen Sie

Bild: Monschau

Burgen, Fachwerk, hohe Hecken und große Seen hauen Sie nicht vom Hocker? Dann folgen Sie im Urwald der Spur des Eifeltigers!

sich ins *Historische Kurhaus* zurück und verdrücken Sie im *Heino Café* ein Stück schwarzbraune Haselnusstorte.

SEHENSWERTES

INSIDER TIPP ▶ APOTHEKENMUSEUM
Von 1806 bis 1994 konnte man hier Pillen und Zäpfchen kaufen, heute ist die ehemalige Schwanen-Apotheke ein Museum mit Originalinterieur aus dem 19. Jh. Apotheker Franz Maria Ferdinand Stephinsky erfand hier einen Magenbitter, der bis heute nach altem Rezept hergestellt wird. Zum Museum gehört auch ein Kräutergarten. *Di–Fr 14.30–17, Sa/So 11–16 Uhr | Eintritt 2 Euro | Werther Str. 15*

ESSEN & TRINKEN

EN DE HÖLL
Das urige Gasthaus gibt's seit 1618, schon Willy Brandt und Theodor Heuss hat's hier geschmeckt. Spezialität ist das Münstereifeler Pfännchen (Schweinemedaillons in Ahrrotwein). *Mo/Di geschl. |*

BAD MÜNSTEREIFEL

Blankenheim: Der repräsentative Fachwerkbau des Gildehauses ist Teil des Eifelmuseums

Orchheimerstr. 50 | Tel. 02253 68 72 | www.en-de-hoell.eu | €€

HEINO CAFÉ IM KURHAUSHOTEL
Hier können Fans Goldene Schallplatten bestaunen und in der Fotogalerie in Erinnerungen schwelgen. Regelmäßig ist er selbst – mit Hannelore – in seinem Café anzutreffen, denn das Kurhaushotel ist zugleich ihr Zuhause. *Tgl. | Nöthener Str. 10 | Tel. 02253 5 44 07 70 | www.kurhaus-badmuenstereifel.de*

ÜBERNACHTEN

HOTEL HISTORISCHES KURHAUS
Vom idyllisch gelegenen Hotel im historischen Kurhaus schauen Sie auf die Altstadt, auf Burganlage und Stadtmauer. Große Sonnenterrasse, Biergarten, gehobenem *Restaurant (Mo/Di geschl. | €€)* und *Glockenstube (Mo–Mi geschl., nur mittags | €)*. *11 Zi. | Nöthener Str. 10 | Tel. 02253 5 44 07 70 | www.kurhaus-badmuenstereifel.de | €€*

AUSKUNFT

STÄDTISCHE KURVERWALTUNG
Kölner Str. 13 (im Bahnhof) | 53896 Bad Münstereifel | Tel. 02253 54 22 44 | www.bad-muenstereifel.de

ZIELE IN DER UMGEBUNG

BLANKENHEIM (119 F6) (*ω F5*)
Mitten in dem ruhigen Ort (8400 Ew., 19 km südwestlich von Bad Münstereifel) entspringt die Ahr. Die *Quelle* im Kellergewölbe eines Fachwerkhauses können Sie von außen ansehen, ebenso die zur Jugendherberge umfunktionierte Burg der Blankenheimer Grafen, zwei Stadttore und viele weitere Fachwerkhäuser. In der Touristeninformation befindet sich das ● *Eifelmuseum (April–Okt. Mo–Do 10–16, Fr 10–17, Sa/So 11–15, Nov.–März Mo–So 11–14 Uhr | Ahrstr. 55–57)*, das Ihnen etliches über die Geschichte der Region erzählt. Im gegenüberliegenden ● *Gildehaus (April–Okt. tgl. 11–15, Nov.–*

NORDEIFEL

März 11–14 Uhr | Johannesstr. 6) hängen Gemälde des Eifelmalers Fritz von Wille (1860–1941) sowie die lebensgroßen, anrührend ramponierten Porträts eines Blankenheimer Grafenpaars von 1634.
In Ute Rösgens *Bistro Landlust (Di/Mi geschl. | Klosterstr. 3 | Tel. 02249 9179190 | www.landlust-blankenheim.de | €)* können Sie nach dem Museumsbesuch Salat, Suppen und Flammkuchen zu sich nehmen. Auskunft: *Touristinfo Blankenheim | Tel. 02449 8 72 22 | www.blankenheim.de*

BRUDER-KLAUS-KAPELLE ★ ●
(120 A4) (*F4*)
Nein, Sie sehen keine grünen Männchen. Die Bruder Klaus-Kapelle in Wachendorf (7 km nördlich von Bad Münstereifel) hat wirklich was von einem Ufo. Entworfen wurde das Gotteshäuschen mitten im Feld vom Schweizer Architekten Peter Zumthor. Der 20-minütige Fußweg (nicht über den Acker abkürzen, sonst wird der Bauer sauer) lohnt für Beter ebenso wie für Architekturfans. *Di–So 10–17, im Winter bis 16 Uhr | Iversheimer Straße | Mechernich | www.feldkapelle.de*

KAKUSHÖHLE (119 F4) (*F4*)
Die Eifler glauben, dass hier einst ein Riese hauste. Der hieß Kakus und hatte trotz seiner tollen Wohnung meist schlechte Laune. Verständlich, denn die Traumimmobilie war kein Erstbezug. Schon 80 000 Jahre zuvor lebten hier Neandertaler. Heute gilt der zum ✓ Schutzgebiet-Netzwerk Natura 2000 zählende Karststeinfelsen, 10 km westlich von Bad Münstereifel, als eine der wichtigsten prähistorischen Fundstätten Europas. Ein Rundwanderweg führt zu den zwei natürlich entstandenen Höhlen, in denen Sie ganzjährig herumklettern können. Die aktuellen Mieter sind ruheliebende Fledermäuse: Daher beim Erkunden nicht brüllen. *Kakusstraße | Mechernich | www.kakushoehle.de*

INSIDER TIPP KLOSTER STEINFELD ●
(119 E5) (*E5*)
Im Salvatorianer-Kloster mit 1000-jährigen Wurzeln (20 km westlich von Bad Münstereifel) sind nicht nur die Messen gut besucht. Hier gehen 700 Gymnasiasten zur Schule, das ganze Jahr finden renommierte Orgelkonzerte statt. Im 4-Sterne-Gästehaus klappt die Kombi aus Mittelalter und Moderne perfekt. Wandeln Sie durch die stillen Klostergärten oder fläzen Sie sich in die Sessel der „Mutter-Maria-Lounge". In der Basilika ruht der „Apfelheilige" Hermann Josef von Steinfeld (1150–1241). Als kleiner Junge hielt er einem steinernen Jesuskind einen Apfel hin – und das nahm ihn an. Darum legen Fans noch heute Äpfel auf sein Grab. *64 Zi. | Hermann-Josef-Str. 4 | Kall | Tel. 02441 88 9131 | www.kloster-steinfeld.de | €€*

KOMMERN ● (119 F3) (*E3*)
Im INSIDER TIPP *Rheinischen Freilichtmuseum (April–Okt. tgl. 9–19, Nov.–März 10–*

MARCO POLO HIGHLIGHTS

★ **Bruder-Klaus-Kapelle**
Ufo oder Andachtsort? Egal, jedenfalls sehr, sehr cool → S. 35

★ **Kornelimünster**
Bürgerhäuser und ein Kunsthaus in einer Barockabtei → S. 37

★ **Monschau**
Ein Eifelstädtchen wie aus einem Eifelbilderbuch → S. 39

★ **Monschauer Heckenland**
Fachwerkhäuser hinter Windschutzhecken → S. 40

★ **Nationalpark Eifel**
Hier leben Wildkatze, Biber und Uhu → S. 40

BAD MÜNSTEREIFEL

17 Uhr, letzter Einlass 1 Std. vor Schließung | Eintritt 7,50 Euro | Auf dem Kahlenbusch | www.kommern.lvr.de), 13 km nordwestlich von Bad Münstereifel, können Sie anderen richtig schön in die gute Stube spannen und in über 60 Originalbauten inmitten von Obstwiesen und Bauerngärten in der Geschichte des Rheinlands seit dem 16. Jh. stöbern. Ein Muss für Vintage-Fans: Der original eingerichtete Bungalow aus den 1950er-Jahren und das Quelle-Fertighaus von 1965. In der Indoor-Dauerausstellung „Wir Rheinländer" flanieren Sie eine Straße mit 50 Nachbauten von 1794 bis zur Wirtschaftswunderzeit entlang – inklusive Blick in die von täuschend menschlich aussehenden Puppen bewohnten Wohnungen.

KRONENBURG (123 D2) (*D6*)
Burgruine, Burgbering, mittelalterliche Fachwerkhäuschen ... seufz. Kronenburg (35 km südwestlich von Bad Münstereifel) ist klitzeklein, aber sehr romantisch. Im *Hotel Burghaus & Villa Kronenburg (35 Zi. | Burgbering 12 | Tel. 06557 2 95 | www.villa-kronenburg.de | €€–€€€)* können Sie dieses Romantik-Feeling voll ausleben.

NETTERSHEIM (119 F5) (*E5*)
Hier blühen heimische Orchideen, die seltene Kuhschelle und andere sensible Pflanzen: Das Engagement der Nettersheimer für die Natur brachte dem Ort (1700 Ew., 13 km südwestlich von Bad Münstereifel) bereits zweimal den Titel „Bundeshauptstadt für Natur- und Umweltschutz" ein. Erster Anlaufpunkt ist das *Naturzentrum Eifel (Mai–Okt. Mo–Fr 9–18, Sa/So 10–18, sonst Mo–Fr 9–16, Sa/So 10–16 Uhr | Urftstr. 2–4 | www.naturzentrum-eifel.de)*.

In Nettersheim begann einst die römische Wasserleitung nach Köln, die Sie heute in sieben Etappen auf dem *Römerkanal-Wanderweg (www.roemerkanal-wanderweg.de)* abklappern können. Startpunkt ist die römische Quellfassung mit dem netten Namen „Grüner Pütz".

Diese Bewohnerinnen des Freilichtmuseums Kommern sind ebenso dekorativ wie nützlich

NORDEIFEL

INSIDER TIPP ST.-STEPHANUS-KIRCHE
(119 E5) (*m* E5)
In Sistig (22 km südwestlich von Bad Münstereifel) stecken Hitler und der liebe Gott unter einer Decke. 1941 begann der Künstler Ernst Jansen-Winkeln (1904–92) mit den Gewölbefresken, musste dann an die Front und malte erst nach dem Krieg weiter. Sonst hätte er den „Führer" wohl kaum als bücherverbrennendes Teufelchen darstellen können. Marx und Lenin kriegen auf den seltenen politischen Kirchenmalereien auch ihr Fett weg. Eine am Eingang ausliegende Broschüre (5 Euro in den Opferstock) erklärt alle Motive. *Kirchplatz | Kall-Sistig*

KORNELI-MÜNSTER

(118 A1) (*m* B2) ★ **Das bildhübsche Örtchen (3700 Ew.) ist ein Ortsteil Aachens und der perfekte Auftakt für einen Eifelbesuch, denn hier beginnt der Eifelsteig.** Besichtigen Sie das wunderschöne *Kunsthaus NRW* und setzen Sie sich danach auf eine der Terrassen im fast komplett erhaltenen historischen Ortskern mit dem von mittelalterlichen Gebäuden sowie Bürgerhäusern aus dem 17. und 18. Jh. umstandenen Korneliusmarkt und Benediktusplatz. Entlang des Flüsschens Inde erstreckt sich das Naturschutzgebiet *Klauserwäldchen/Frankenwäldchen,* in dem vor allem seltene Pflanzen wie zum Beispiel Orchideen zu entdecken sind. Und versteckt im Schildchenweg liegt ein verwunschener *jüdischer Friedhof.*

SEHENSWERTES

KUNSTHAUS NRW
Seit 1948 erwirbt das Land NRW zwecks Karriereförderung Arbeiten junger Künstler. Das hat bei Leuten wie Gerhard Richter, Sigmar Polke oder Andreas Gursky gut geklappt. Eine Auswahl der rund 4000 Stücke umfassenden Sammlung ist in Wechselausstellungen im Kunsthaus NRW zu sehen. Die moderne Kunst mag nicht immer nach jedermanns Geschmack sein. Aber dass sie in den prachtvollen spätbarocken Räumen der alten benediktinischen Reichsabtei aus dem Jahr 1721 gezeigt wird, ist eine Sehenswürdigkeit für sich. Sollten die bekannteren Exponate gerade nicht da sein: Ein Fünftel der Werke steht Ministerien und Landesbehörden als Büro-Deko zur Verfügung. *Do–Sa 14–18, So 12–18 Uhr | Eintritt frei | Abteigarten 6 | www.kunsthaus.nrw.de*

PROPSTEIKIRCHE ST. KORNELIUS
Der Gründungsbau der ehemaligen Abteikirche stammt wohl aus den Jahren 814–17. Kaiser Ludwig der Fromme höchstpersönlich soll bei der Weihe dabei gewesen sein. Tipp für Pilger: Hier werden die „drei biblischen Heiligtümer", das Schürz-, Schweiß- und Grabtuch Christi, aufbewahrt. Bringen Sie Geduld mit: Zu sehen gibt es die nur alle sieben Jahre.

ESSEN & TRINKEN

SANKT BENEDIKT
Maximilian Kreus verteidigt mit junger, kreativer Küche und überraschenden Zutaten seit 2011 einen Michelin-Stern. Tipp: Der Mittagstisch ist günstiger. *So/Mo geschl. Sa nur abends | Benediktusplatz 12 | Tel. 02408 28 88 | www.stbenedikt.de | €€€.*

Wem das zu teuer ist: Die ökologisch-nachhaltige Edel-Pommesbude 🌱 *Frittenbruder (tgl. | Steinkaulplatz 7 | www.frittenbruder.de | €)* gehört auch Herrn Kreus.

MONSCHAU

ÜBERNACHTEN

ZUR ABTEI
Hier knarzen die Böden, denn das Haus stammt von 1850. Schöne Sonnenterasse und verwunschener Garten – die Treppe führt zum Standesamt. Die Hochzeit feiern können Sie im stilvollen Barocksaal. Tröstliche Geste für Lärmempfindliche: Da manche Zimmer zur Hauptstraße gehen, gibt's gratis Ohropax. *13 Zi. | Napoleonsberg 132 | Tel. 02408 92 55 00 | www.hotel-zur-abtei.de | €€*

MONSCHAU

KARTE IM HINTEREN UMSCHLAG
(118 B4) *(B4)* ★ **"Venedig-Blick"** nennen die Monschauer die Aussicht von ihren Brücken auf die Rur. Die ist zwar nicht ganz der Canal Grande, aber das macht die alte Tuchmacherstadt (12 500 Ew.) locker wett: Mit der Burg Monschau und der *Burgruine Haller*, verwinkelten Fachwerkbauten und dem berühmten *Roten Haus*: ein Sehnsuchtsort für Romantiker. Vor allem abends, wenn die Tagestouristen weg sind. Viele Jahrhunderte hieß der Ort „Montjoie", was auf Französisch „Berg der Freude" bedeutet. Erst Kaiser Wilhelm II. machte 1918 das staubtrockene „Monschau" draus.

SEHENSWERTES

INSIDER TIPP BRAUEREI-MUSEUM FELSENKELLER
Im historischen Brauhaus können Sie sich über 150 Jahre Braukunst schlau machen. Danach gönnen Sie sich ein Zwickelbier nach Alt-Monschauer Art und dazu gute, deftige Küche *(tgl. ab 11 Uhr | €€)*. *Di–So 11–18 Uhr | Eintritt 3 Euro | St. Vither Str. 2–8 | www.brauerei-museum.de*

HISTORISCHE SENFMÜHLE
Familie Breuer stellt in einer der letzten handwerklich betriebenen Senfmühlen aus dem Jahr 1882 den berühmten „Moutarde de Montjoie" her. Mittlerweile gibt es 22 Sorten. Diese und andere Regionalprodukte können Sie im Senflädchen kaufen. Die Mühle ist zu besichtigen. *Führungen März–Okt. Mi u. Fr 11 u. 14 Uhr | Eintritt 2,50 Euro | Laufenstr. 118 | www.senfmuehle.de*

ROTES HAUS
Im um 1752 im Stil des späten Rokoko erbauten Doppelhaus sehen Sie, wie reiche Tuchmacher lebten, bevor die Industrie den Bach runterging. Berühmt ist die freitragende hölzerne Wendeltreppe mit Motiven aus der Tuchherstellung, nicht wirklich jugendfrei der Hasenbrattopf

Handgemachter Senf aus der historischen Monschauer Senfmühle

NORDEIFEL

in der Küche. *April–Nov. Di–So, Einlass stündl. 10–12 u. 14–16 Uhr | Eintritt 5 Euro | Laufenstr. 10*

ESSEN & TRINKEN

CAFÉ KAULARD
Im urigen Caféhaus können Sie Monschauer Vennbrocken, Dütchen und Printen verdrücken. *Tgl. | Markt 8 | www.cafe kaulard.de*

MIRABELA
Das Restaurant mit Terrasse und feiner mediterraner Küche im Nachbarort Roetgen ist nicht nur bei Einheimischen eine der beliebtesten Adressen. *Mo geschl. | Hauptstr. 49 | Roetgen | Tel. 02471 92 14 74 | www.restaurant-mirabela.de | €€€*

SCHNABULEUM
Speisen im liebevoll restaurierten Wohnhaus. So gut wie alle Gerichte werden mit Senf aus der benachbarten Mühle verfeinert. Und die Sommelière hat echt was drauf. *Mo/Di geschl. | Laufenstr. 118 | Tel. 02472 90 98 40 | www.senfmuehle.de | €€–€€€*

ÜBERNACHTEN

HOTEL HORCHEM
Schlafen im Fachwerkbau von 1867 mit Blick auf Rur und Rotes Haus. Das Restaurant (€€–€€€) bietet Feines und Deftiges im historischen, kein bisschen piefigen Ambiente. *14 Zi. | Rurstr. 14 | Tel. 02472 8 05 80 | www.horchem.com | €€*

HOTEL LINDENHOF
Ruhiges Hotel am Rand der Monschauer Altstadt, mit Liegewiese und sonniger Terrasse zum Frühstücken. *12 Zi. | Laufenstr. 77 | Tel. 02472 41 86 | www.lindenhof.de | €*

AUSKUNFT

MONSCHAU-TOURISTIK
Stadtstr. 16 | 52156 Monschau | Tel. 02472 8 04 80 | www.monschau.de

ZIELE IN DER UMGEBUNG

EINRUHR (118 C4) (*D4*)
Bevor Sie von Einruhr (600 Ew.) aus den Rursee erkunden, zapfen Sie an der ● *Heilsteinquelle* im Hof der Touristeninformation *(Franz-Becker-Str. 2)* ein Fläschchen Mineralwasser. Das fanden schon die Römer lecker. Wer gerne planscht, kann das im *Naturerlebnisbad (tgl. 10–22 Uhr | Eintritt 3 Euro | www.naturerlebnis bad-einruhr.de)* tun. Wenn Sie lieber trocken bleiben, mieten Sie sich ein Tretboot. Oder Sie wandern am Rursee entlang 6 km zur Urfttalsperre. Wenn Sie für den Rückweg zu k.o. sind, nehmen Sie ein Schiff. Mit den Schiffen der 🟠 *Rurseeschifffahrt (www.rursee-schifffahrt.de)* können Sie z. B. in den Nachbarort Rurberg tuckern und im *Genießerwirtshaus (Mo–Mi geschl. | Hövel 15 | Rurberg | Tel. 02473 32 12 | www.geniesserwirtshaus.de | €€)* gediegen speisen. Hübsche, individuell eingerichtete Zimmer *(6 Zi | 2 Apt. | €–€€)* hat das Wirtshaus auch.

HELLENTHAL (119 D5) (*D5*)
Abgesehen von der Staumauer der Oleftalsperre und dem Wildfreigehege mit *Greifvogelstation (April–Okt. tgl. 9–18, Nov.–März 10–16 Uhr | Eintritt 10 Euro | www.greifvogelstation-hellenthal.de)* ist Hellenthal (8000 Ew., 22 km südöstlich von Monschau) wenig prickelnd. Dafür gilt der Ortsteil **INSIDER TIPP** *Reifferscheid* mit seiner Burgruine aus dem 11. Jh. als eins der schönsten mittelalterlichen Burgdörfchen der Eifel. Nach dem Aufstieg können Sie sich im *Burgcafé Eulenspiegel (Mi–So, im Som-*

39

MONSCHAU

mer tgl. 10.30–18 Uhr | Zehntweg 12 | Tel. 02482 125 64 00 | www.burgcafe-eulenspiegel.de/ €) stärken. Ein Tipp ist das Besucherbergwerk INSIDER TIPP *Grube Wohlfahrt (Führungen tgl. 11, 14, 15.30 Uhr | Eintritt 5,50 Euro | Aufbereitung II Nr. 1 | Rescheid | www.grubewohlfahrt. de)* im Ortsteil Rescheid. 900 m hinein in den 1941 stillgelegten Stollen geht die Führung, bei der Sie das beklemmende Gefühl der Arbeit unter Tage am eigenen Leib erfahren. Pullover mitbringen, es ist immer 8 Grad kalt.

INSIDER TIPP KAISER KARLS BETTSTATT
(118 A4) (*M B4*)

Karl der Große war echt groß. Aber ein Lulatsch von vier Metern? Diese Länge hat nämlich jener Felsbrocken, auf dem der Kaiser angeblich mal eine Nacht verbrachte, nachdem er sich auf der Jagd verirrt hatte. Der Abdruck seines Kopfes auf dem steinernen Kissen ist heute noch zu sehen. Im mäßig komfortablen Kingsize-Bett dürfen Sie ein Gratis-Nickerchen machen. Tipp: Kurz dahinter startet ein toller Plankenweg mitten durchs Venn. *Monschau-Mützenich*

MONSCHAUER HECKENLAND ★
(118 B4–5) (*M B–C4*)

Wie sich Häuser hinter meterhohen Windschutzhecken ducken, können Sie am besten in den zu Monschau gehörenden Venndörfern *Höfen, Kalterherberg, Mützenich* und *Rohren* beobachten. In Höfen haben die Dorfbewohner einen gut 5 km langen Spaziergang zu den schönsten Haus- und Flurhecken ausgewiesen. Am besten stärken vor oder nach der Tour können Sie sich bei gutbürgerlicher Küche in der *Alten Molkerei (Mo geschl. | Hauptstr. 72–74 | Tel. 02472 8 02 57 77 | www.alte-molkerei-hoefen.de | €)*. Die dient zugleich als Nationalpark-Tor (s. rechts).

NATIONALPARK EIFEL ★
(118–119 C–E 3–5) (*M C–E 3–5*)

Gucken Sie bei der Entstehung eines Urwalds zu: Seit 2004 ist der Nationalpark Eifel ein „Entwicklungs-Nationalpark". Innerhalb von 30 Jahren sollen auf dem 110 km^2 umfassenden Gebiet mindestens drei Viertel der Fläche wieder sich selbst überlassen werden. Das Leben ohne menschliche Einmischung entwickelt sich prächtig. Über 2000 gefährdete Tier- und Pflanzenarten fühlen sich hier pudelwohl, darunter Uhus, Schwarzstörche, Biber und „Eifeltiger", wie der neckische Name für Wildkatzen lautet. Sie können allein durch den Park wandern oder ihn sich von einem ● waschechten Ranger kostenlos zeigen lassen. Infos und Ausstellungen gibt es in den fünf Nationalpark-Toren Rurberg, Gemünd, Heimbach, Höfen und Nideggen. *www.nationalpark-eifel.de*

VOGELSANG (119 D4) (*M D4*)

Was sollte man nur damit machen? Abreißen? Schwierig, denn Teile der ehemaligen Ordensburg, eines der größten erhaltenen Bauwerke der NS-Zeit, stehen unter Denkmalschutz. Seit 2006 wird die einstige Kaderschmiede, die nach dem Zweiten Weltkrieg der britischen und später der belgischen Armee als Truppenübungsplatz diente, einer neuen Nutzung zugeführt. Heute liegt hier der Hauptstützpunkt des Nationalparks Eifel mit der Natur-Erlebnisausstellung „Wildnis(t)räume". Es gibt ein *Caférestaurant* mit Blick auf den Rursee und eine *Sternenwarte*. Mit der Dauerausstellung „Bestimmung: Herrenmensch" versucht man der problematischen Vergangenheit des Orts gerecht zu werden. Dennoch haftet ihm etwas Beklemmendes an. Das Schwimmbad mit Körperkult-Mosaik, die „Burgschänke", die „Thing"-Aufführungsstätte und

NORDEIFEL

Naturgeschütztes Wasserreservoir: Die Urftalsperre gehört zum Nationalpark Eifel

die Sportanlagen atmen immer noch den Geist der bösen Zeit. *Tgl. 10–17 Uhr | Eintritt pro Ausstellung 8 Euro (Kombiticket 12 Euro) | www.vogelsang-ip.de*

INSIDER TIPP WOLLSEIFEN
(119 D4) (*D4*)

Von Vogelsang führt ein 3 km langer Wanderweg ins Unglücksdorf. Im Krieg zerbombt, waren die geflohenen Wollseifener kaum wieder zu Hause, da erklärten die Briten die Gegend 1946 zum militärischen Sperrgebiet. Die 550 Einwohner mussten ihre Heimat innerhalb von drei Wochen verlassen. Bei den Truppenübungen in den Monaten danach blieb kaum ein Stein auf dem anderen. Als 1947 die Kirche ausbrannte, starb jede Hoffnung der Dörfler auf Rückkehr. In der ehemaligen Schule ist die Geschichte des Orts dokumentiert.
Die Kirche steht heute als Mahnmal für den Wahnsinn auch kalter Kriege. Die Rohbauten daneben sind übrigens nicht der Versuch einer Neubesiedelung, sondern Übungshäuser der belgischen Armee.

NIDEGGEN

(119 D2) (*D2*) **Der Sage nach verdankt Nideggen (3000 Ew.) seine Entstehung zwei verfeindeten Brüdern.**
Die Neidhammel gerieten dermaßen in Streit, dass der eine die gemeinsam bewohnte Burg verließ und sich seine eigene baute, die der Volksmund „Neid-Eck" taufte. Klingelt da was? Kaiser Wilhelm II. soll den Ausblick von oben „kolossal" gefunden haben. Und das ist er. So wie auch der ganze über 700 Jahre alte Ort.

SEHENSWERTES

BURG NIDEGGEN
Im Gegensatz zu den Streithähnen ist historisch belegt, dass der Jülicher Graf Wilhelm II. 1177 die Arbeiten zum Burgenbau anleierte. Heute ist hier das *Burgenmuseum* untergebracht. Genießen Sie den Ausblick vom Bergfried und bestaunen Sie den gotischen Rittersaal. Oder Sie gruseln sich: Im ehemaligen Gerichtssaal werden Sie über mittelal-

NIDEGGEN

terliche Foltermethoden informiert und können ins Angstloch runtergucken, durch das die Verurteilten einst ins Verlies hinabgelassen wurden. *Di–So 10–17 Uhr | Eintritt 3,50 Euro*

ESSEN & TRINKEN

BURGRESTAURANT NIDEGGEN
Zwei in einem: Auf Burg Nideggen speisen Sie gediegen im *Brockel Schlimbach* oder bodenständig im *Kaiserblick*. Die beiden Chefs haben sich das ehrgeizige Ziel gesetzt, mit z. B. Bachsaibling oder Eifeler Taube auch für Nideggen einen Stern zu erkochen. *Mo/Di geschl. | Kirchgasse 10 | Tel. 02427 9 09 10 66 | www.burgrestaurant-nideggen.de | €€€*

HOTEL-RESTAURANT ROEB
Das Landhaus mit Hotelbetrieb (21 Zi.) ist spezialisiert auf Eifeler Küche wie Hirschbraten, feine Eintöpfe und herzhafte Döppekooche. *Di geschl., Mo, Mi, Do nur abends | Monschauer Str. 1 | Tel. 02474 4 77 | www.nationalpark-eifel-hotel.de | €€*

LOW BUDG€T

Hunger? Dann auf ins *Genießerwirtshaus* (s. S. 39) in Einruhr! Sonntagsabends gibt es das Kehraus-Menü der Woche, ein köstliches Drei-Gänge-Essen für 17 Euro. Unbedingt reservieren!

Im *Kunst- und Kulturzentrum KuK* in Monschau werden hochkarätige Fotoausstellungen von internationalem Rang gezeigt. *Di–Fr 14–17, Sa/So 11–17 Uhr | Eintritt frei | Austr. 9 | www.kuk-monschau.de*

FREIZEIT & SPORT

SONNENSTRAND ESCHAUEL ●
Am Ufer der Rurtalsperre können Sie im mediterranen Flair baden oder im ersten Beachclub der Eifel Flammkuchen essen und Cocktails schlürfen. *Mi–Fr 12–18, Sa/So 10–20 Uhr | Eschauer Weg 99 | www.beachclubeifel.de*

ÜBERNACHTEN

ZUR EWIGEN LAMPE
Das so liebe- wie geschmackvoll eingerichtete Romantikhotel ist nicht nur für Turteltäubchen eine Topadresse. Auch in Bar und Restaurant klappt die Mischung aus uraltem Gemäuer und modernen Design perfekt. *7 Zi. | Bahnhofstr. 9 | Tel. 02427 9 40 90 | www.ewigelampe.com | €€*

AUSKUNFT

TOURISTEN-INFORMATIONEN
Altstadt: Zülpicher Str. 15 | Tel. 02427 5 19 32 78. Nationalparktor: Im Effels 10 | Tel. 02427 3 30 11 50 | www.nideggen.de

ZIELE IN DER UMGEBUNG

HEIMBACH (119 D3) (*D3*)
Heimbach (4600 Ew., 8 km südlich von Nideggen) ist piefig. Fahren Sie trotzdem hin, denn es liegt an der Rurtalsperre Schwammenauel und hier steht ein wunderschönes *Jugendstil-Wasserkraftwerk* aus dem Jahr 1904. Schon von außen ist der idyllisch gelegene Bau sehenswert. Doch auch von innen sollten Sie sich das Schmuckstück angucken, wenn Sie eine Vorliebe für edles Mahagoni und Messing-Design haben *(März–Okt. | Besichtigung nur nach Voranmeldung, Tel. 0800 8 83 38 30 | Kleestraße | Heimbach-Hasenfeld).*

NORDEIFEL

Fürwahr ein Höhepunkt der Designkunst ... der legomäßige, leuchtende Aussichtsturm Indemann

LANGERWEHE (O) (C1)

In einem bildhübschen uralten Pfarrhof versteckt sich ein *Museum (Di–Fr 10–13 u. 14–18, Sa 12–17, So 11–18 Uhr | Eintritt 3 Euro | Pastoratsweg 1 | www.toepferei museum.de)*, das Sie in die 1000-jährige Geschichte der Langerweher (15 000 Ew., 23 km nordwestlich von Nideggen) Töpferkunst einführt. Mit etwas Glück können Sie Töpfer Lothar Kurz bei der Arbeit zuschauen – und direkt ein Pöttchen kaufen. Im Ortsteil *Wenau* liegt das gleichnamige Kloster aus dem 12. Jh. Hier herrschen Ruhe und Romantik pur. Gotische Wandfresken sehen Sie auch. Machen Sie auf dem Rückweg einen Stopp auf der *Laufenburg (Mo und abends geschl. | Tel. 0 24 23 22 52 | €–€€)*. In dem Gemäuer aus dem 12. Jh. serviert Ulrike Esser in rustikalem Ambiente Häppchen und hochgelobte Wildgerichte.

Wenn Sie schon in der Gegend sind, sollten Sie auf keinen Fall den ● 🌿 INSIDER TIPP *Indemann* (4 km nördlich von Langerwehe) verpassen. So heißt ein 36 m hoher Aussichtsturm, der aussieht wie ein netter Roboter. Abends wird der mit einem Design-Award für Umwelt- und Landschaftsgestaltung ausgezeichnete Kerl beleuchtet. Der Blick auf den angrenzenden Tagebau ist spektakulär. Nach dem Ende der Kohleförderung soll hier ein Seengebiet entstehen. Der Aufstieg ist schweißtreibend, ab 14 Uhr (So ab 10 Uhr) fährt der Lift. *So–Fr 10–20, Sa 10–22 Uhr | Zum Indemann | Inden*

ZÜLPICH (O) (F2)

In Zülpich (15 km östlich von Nideggen) liegt die besterhaltene römische Thermenanlage nördlich der Alpen. Das im selben Haus beheimatete Museum für Badekultur erzählt Ihnen alles über 2000 Jahre Waschen und Planschen. Eine tolle Idee aus der Römerzeit: Wenn's mit dem Platz für die Toten mal knapp wird, einfach die Badewanne zum Sarkophag umfunktionieren. *Di–Fr 10–17, Sa/So 11–18 Uhr | Eintritt 4 Euro | Andreas-Broicher-Platz 1 | www.roemerthermen-zuelpich.de*

WESTEIFEL

Die Westeifel ist vor allem etwas für Naturfreunde, denn wilde Wälder, bizarre Felsformationen und Flusstäler gibt's noch und nöcher.

Wenn Sie lieber klassisches Sightseeing machen, sollten Sie Ihren Trip genau planen, denn viele der Sehenswürdigkeiten haben ziemlich knappe Öffnungszeiten. Oder Sie fahren direkt nach Trier, denn in der ehemaligen Hauptstadt des Weströmischen Reichs stapeln sich die sehenswerten Highlights quasi.

BITBURG

(129 E3) (*D–E11*) Bitburg (15 000 Ew.) ist nicht besonders schön. Dafür können die Bitburger aber nichts. Grund für das heutige Erscheinungsbild war ein schreckliches Weihnachtsfest: Am Heiligabend des Jahres 1944 wurde die Stadt bei Luftangriffen zu 85 Prozent zerstört.

Danach waren französisches und in der Folge amerikanisches Militär stationiert, bis die US Air Base 1994 schloss. Bitburg war schon früh soldatisch geprägt: In römischer Zeit hieß es *Vicus Beda* (Birkendorf), und bereits die Römer wussten die strategisch günstige Lage an der alten Heerstraße zwischen Trier und Köln zu schätzen. 330 n. Chr. bauten sie hier ein Kastell. Von alldem ist kaum etwas übrig geblieben. Trotzdem ist Bitburg weltberühmt. Warum? Die Antwort lautet: „Bitte ein Bit!" In seiner Heimatstadt können Sie erleben, wie das Pils gebraut wird.

Bild: Die Teufelsschlucht bei Ernzen

Nein, Sie haben nicht zu viel „Bit" getrunken: Auch in der Eifel gibt's ein Stonehenge – und eine Römermetropole dazu

SEHENSWERTES

BITBURGER BRAUEREI ★

1817 gründete Johann Peter Wallenborn eine kleine Landbrauerei. Als seine Tochter 1842 einen gewissen Ludwig Bertrand Simon heiratete, hielt ein Name in den Familienbetrieb Einzug, der seither untrennbar mit dem Unternehmen verknüpft ist. Heute operiert die Brauerei Simon international, ihre Biere, vor allem das Pils, werden weltweit getrunken. Alles über Bier im Allgemeinen und das „Bit" im Speziellen erfahren Sie in der „Marken-Erlebniswelt". Und zum Abschluss der geführten Besichtigungen gibt es natürlich ein kühles, frisch gezapftes Pils.

April–Okt. Di–Fr 10–17 (letzte Führung: 15 Uhr), Sa 10–18 (letzte Führung: 16 Uhr), So 11–16.30 (letzte Führung: 15 Uhr), Nov.–März Di–Fr 11–17 (letzte Führung: 15 Uhr), Sa 11–18 (letzte Führung: 16 Uhr) | Führungen (ca. 1 Std.) jeweils zur vollen Stunde | Eintritt 9 Euro | Römermauer 3 | Tel. 06561 14 24 97 | www.bitburger.de

BITBURG

Symbolisierte Brautradition: der Bierbrunnen neben dem Simonbräu

HAUS BEDA
Kein Besuch der Eifel führt an Fritz von Wille (1860–1941) vorbei. Der aus Weimar stammende Landschaftsmaler verbrachte viele Jahre seines Lebens hier. Kein Wunder, dass die Eifel und ihre Landschaft sein Hauptmotiv wurde. Zu Berühmtheit gelangte der „Eifelmaler", als Kaiser Wilhelm II. 1908 das Gemälde „Die blaue Blume" kaufte. Dieses und über 80 weitere Werke sehen Sie im Kulturhaus Beda. Tipp: Das Museum ist eigentlich nur dienstags geöffnet, aber während der Wechselausstellungen kommen Sie auch am Wochenende von 14 bis 18 Uhr rein. *Di 14–17 Uhr oder nach Vereinbarung | Eintritt 2 Euro | Tel. 06561 96450 | Bedaplatz 1*

ESSEN & TRINKEN

BITBURGER BIERHAUS
An der langen Theke können Sie die Biere der Bitburger-Braugruppe ordern. Oder Sie zapfen sie sich am Biermichel einfach selbst. Auf der Speisekarte stehen regionale Gerichte für den großen und kleinen Hunger. *Tgl. | Im Spittel 1 | Tel. 06569 7068538 | www.facebook.com/bitburgerbierhausbitburg | €*

ZUM SIMONBRÄU
Wo 1817 das erste Bitburger gebraut wurde, können Sie es auch heute noch trinken. Am besten schmeckt es an der zur Theke umgebauten kupfernen Sudpfanne. In der Braustube werden rustikale Gerichte wie das Braumeisterschnitzel angeboten. Wer zu tief ins Glas schaut, kann im stilvollen Ambiente übernachten (5 Zi.). *Tgl. | Am Markt 7 | Tel. 06561 3333 | www.simonbraeu.de | €€*

FREIZEIT & SPORT

CASCADE-ERLEBNISBAD
Hallenbad mit Whirlpools, Außenbecken mit 55-m-Riesenrutsche und großzügiger Saunalandschaft. *Di–Fr 10–22 Uhr, Sa 9–22, So 9–21 Uhr | Tageskarte ab 8,20 Euro | Talweg 4 | www.cascade-bitburg.de*

EIFELPARK
Billig ist der Spaß nicht. Dafür haben Sie im Eifelpark Gondorf (8 km östlich von Bitburg) Wild- und Ferienpark in einem. Über 200 Tiere, darunter Wölfe, Bären und Erdmännchen, sowie 50 Karusselle, Rutschen und Achterbahnen sorgen dafür, dass der Nachwuchs sich nicht langweilt. Und Sie genauso wenig. Wann sind Sie etwa das letzte Mal so

WESTEIFEL

richtig schön nostalgisch mit dem Kettenkarussell gefahren? *Tgl. 10–17 (Ende Juni–Ende August bis 18 Uhr), Nov.–Ende März nur Wildpark tgl. 10–16 Uhr | Eintritt 25,50 Euro | Weißstr. 12 | Gondorf | www.eifelpark.com*

ÜBERNACHTEN

INSIDER TIPP SCHLOSS HAMM

Schlafen beim Grafen: Die mittelalterliche Wehranlage liegt mitten im Wald und ist die älteste der noch bewohnten Eifelburgen. Vermietet werden Wohnungen für zwei bis acht Personen. Wer mag, kann in der Kapelle heiraten, im Innenhof einen Sektempfang geben oder im Rittersaal feiern. *Tel. 06569 96 35 36 | www.schlosshamm.de | €–€€*

AUSKUNFT

TOURIST-INFORMATION BITBURGER LAND

Römermauer 6 | 54634 Bitburg | Tel. 06561 9 43 40 | www.eifel-direkt.de

ZIELE IN DER UMGEBUNG

DEVONIUM WAXWEILER ●
(122 C6) (*C10*)
Eine kleine Ausstellung mit großen Aha-Momenten, 23 km nordwestlich von Bitburg: Im Devonium starten Sie eine Zeitreise ins Erdzeitalter des Devon und erhalten einen Einblick in die Entwicklung der Erde sowie die Entstehung des Lebens. *Mo/Di u. Fr 9–12 u. 13.30–16.30, Do 9–12 Uhr, Juni–Aug. auch Sa 10–12, So 14–17 Uhr | Hauptstr. 28 | Waxweiler | Eintritt 2,50 inkl. einer Lupe | www.devonium.de*

DUDELDORF (129 F2–3) (*F11*)
Das hübsche Örtchen (1100 Ew., 10 km östlich von Bitburg) ist von Touristenmassen weitgehend verschont. Sie können ungestört durchs historische Zentrum flanieren, das von der nicht ganz erhaltenen *Stadtmauer* mit dem Ober- und dem Untertor aus dem 14. Jh. begrenzt wird. *Burg Dudeldorf,* deren Ursprünge wohl ins 11. Jh. zurückreichen, wurde im 18. Jh. in ein zweiflügeliges Herrenhaus umgebaut. Aus dem Mittelalter hat sich nur der Turm in die Neuzeit gerettet. Ein Teil der Burg ist privat, im anderen finden Konzerte und Ausstellungen statt *(www.eifel-dudeldorf.de)*.

Einen schönen Garten, einen Speisesaal mit dem nostalgischen Charme von anno dazumal und nette Zimmer finden Sie im *Alten Brauhaus (15 Zi. | Herrengasse 2 | Tel. 06565 93 69 88 | www.brauhaus-dudeldorf.eu | €€).* Ebenfalls sehr nett sitzt man in der *Torschänke (Mi geschl. | Philippsheimerstr. 1 | Tel. 06565 20 24 | www.torschaenke-dudeldorf.de | €–€€)* bei Gerichten von der saisonal und thematisch wechselnden Speisekarte. *www.dudeldorf.de*

MARCO POLO HIGHLIGHTS

★ **Bitburger Brauerei**
Vom Familienunternehmen zum weltweiten Bierlieferanten
→ S. 45

★ **Irreler Wasserfälle**
Ein tosendes Schauspiel der Natur → S. 48

★ **Reichsabtei Prüm**
Eines der bedeutendsten Klöster im deutschen Sprachraum → S. 49

★ **Porta Nigra**
Kolossales Stadttor aus der Römerzeit und das Wahrzeichen von Trier → S. 52

BITBURG

FERSCHWEILER PLATEAU
(128–129 C–D 4–5) (*D12*)
Stonehenge der Eifel wird die Felsenfestung, 14 km südwestlich von Bitburg, manchmal genannt. Das 8 km lange und 5 km breite Plateau war in der Bronzezeit mit Wallanlagen befestigt. Mehrere *Menhire* (Kultsteine) wurden vor 5000 Jahren in jener Megalithkultur errichtet, die auch Stonehenge hervorbrachte. Der größte Menhir ist das *Fraubillenkreuz*. Der Echternacher Abt Willibrord ließ den Kultstein zu einem Kreuz ummeißeln, um mit dem christlichen Symbol „die heidnischen Götter zu vertreiben".

Am Fuß des Plateaus liegen im Tal der Prüm die ★ *Irreler Wasserfälle* (129 D5) (*D13*), die schönsten Kaskaden der Eifel. Von dort führt ein Weg zur *Teufelsschlucht* und zum *Naturparkzentrum (www.teufelsschlucht.de)* mit Erdzeitenpark und einer Reise durch die Erdgeschichte. Eifelosaurus, Tyrannosaurus und anderen Urzeittieren begegnen Sie auf dem 1,5 km langen Rundweg des *Dinosaurier-Parks (April–Okt. tgl. 10–18 Uhr | Eintritt 11,50 Euro)*. Die INSIDER TIPP iPod-„Audiotour Grüne Hölle" – gesprochen von den Bewohnern Bollendorfs (128 C4) (*C12–13*) – informiert über die bizarren Felsen der Südeifel, gibt spannende Schmugglergeschichten wider oder verrät Gesundheitstipps vom Hausarzt. Der Bollendorfer Märchenpfad lädt zur 1,5-stündigen (Familien-)Wanderung ein. Das dazugehörige Märchenbuch gibt's in der *Touristinformation im Abteihof (Neuerburger Str. 6 | Bollendorf | Tel. 06525 9 33 93 30 | www.felsenland-suedeifel.de)*.

INSIDER TIPP HÜTTINGEN BEI LAHR
(128 B–C3) (*C11–12*)
Freunde von Gusseisernem kommen im privaten *Ofen- und Eisenmuseum (Ostern–Okt. Mi–So 14–18 Uhr, Nov.–Ostern n. V. | Eintritt 5 Euro | Am Römerberg 10 | www.ofen-und-eisenmuseum.de)* auf ihre Kosten. Familie Lukas ist Feuer und Flamme für alte Öfen und hat auf ihrem Hof 27 km westlich von Bitburg alles zusammengetragen, was mit diesem Thema in Verbindung steht. In der originalgetreuen ● *Ofenstube (€)* werden frisch gebackene Waffeln aus dem Gusseisen und deftige Schinkenplatten aufgetischt.

KYLLBURG (129 F1) (*E10*)
Der im eng eingeschnittenen Tal der Kyll liegende Luftkurort Kyllburg (900 Ew., 12 km nordöstlich von Bitburg) ist ein trauriges Beispiel für das Städtesterben. Läden gibt es hier kaum noch, auch die Einwohnerzahl ist rückläufig. Fahren Sie trotzdem hin bzw. rauf zur *Stiftskirche* auf dem höchsten Punkt des von der Kyll umflossenen Bergrückens, deren Ursprünge ins 13. Jh. zurückreichen: Der Kreuzgang ist wunderschön!

MALBERG ✿ (129 E1) (*E10*)
Von Kyllburg führt eine steile Straße ins nur 1 km entfernte Malberg hinauf. Hier thront *Schloss Malberg* über der Landschaft. Vermutlich gab es schon im 11. Jh. eine Burg, das heutige „Alte Haus" stammt wohl aus dem 16., das „Neues Haus" genannte Barockschloss des venezianischen Architekten Matteo Alberti aus dem 18. Jh. Die schönen Gartenanlagen mit den Barockfiguren des Bildhauers Adam Ferdinand Tietz (1708–77) können Sie besichtigen, das Schloss selbst nur im Rahmen von Führungen. Seien Sie auf eine Baustelle gefasst, denn seit Jahren wird unablässig restauriert. *Gartenanlagen: Mai–Aug. Sa 14.30–18, So 11–18 Uhr | Führungen: Touristinformation Bitburger Land (Tel. 06561 94 34 17 | Schlossstr. 45 | Malberg | www.schloss-malberg.de)*

WESTEIFEL

PRÜM (123 D4) (*D8*)

Waldstadt – mit diesem Beinamen schmückt sich Prüm (5500 Ew., 33 km nördlich von Bitburg), denn von hier ist es nicht weit bis zu den dunklen Wäldern des Schneifelkamms. Geprägt wird der Ort von der ehemaligen ★ *Reichsabtei* mit der Basilika *St. Salvator.* Das 721 von Bertrada der Älteren, der Urgroßmutter Karls des Großen, gestiftete Kloster – das Hauskloster der Karolinger – war so reich ausgestattet, dass es „Goldene Kirche" genannt wurde. Es birgt auch das einzige Kaisergrab der Eifel: Karls Enkel, Kaiser Lothar I., trat kurz vor seinem Tod als Mönch ins Kloster ein und fand seine letzte Ruhestätte im Chor der Kirche. Das prachtvoll verzierte Abteigebäude trägt die Handschrift des berühmten Barockarchitekten Balthasar Neumann. Jahrzehntelang wurde im Auftrag des Erzbischofs gebaut, bis man 1765 die Vollendung aufgab. Kurz darauf wurden die Gebäude unter Napoleon säkularisiert. Der prunkvolle *Kurfürstensaal* mit seinen wechselnden Ausstellungen ist nur während der Sommerferien in Rheinland-Pfalz zu besichtigen. Die Kirche selbst wurde 1721 bis auf einen Turm abgerissen und durch die heutige Basilika ersetzt. Diskussionen löste 1994 der neue Anstrich aus: Statt im gewohnten Weiß präsentiert sich die Basilika seither in Rotocker, ohne dass es dafür einen historischen Beleg gibt. Original Jesuslatschen gibt es zudem zu sehen: In der Kirche werden die Überreste der Sandalen Christi aufbewahrt.

Nah dran liegt das gemütliche Restaurant *Zur Alten Abtei (Mi geschl. | Hahnplatz 24 | Tel. 06551 23 60 | www.zur-alten-abtei. de | €€)* mit guter gutbürgerlicher Küche und freundlichem Service. Ebenso

Im Namen des Christentums wurde ein uralter Kultstein zum Fraubillenkreuz „umgestaltet"

TRIER

gemütlich übernachten können Sie im *Landhotel am Wenzelbach (16 Zi. | Kreuzer Weg 30 | Tel. 06551 9 53 80 | www.wenzelbach.de | €€)*, z. B. im romantischen Hochzeitszimmer. Die Küche des dazugehörigen 🌱 *Restaurants (Do geschl.)* legt höchsten Wert auf die Verwendung von Regionalprodukten. *Auskunft: Tourist-Info Prümer Land | Hahnplatz 1 | Tel. 06551 5 05 | www.pruem.de*

SCHLOSS WEILERBACH
(128 C5) (*D13*)
Ein vorbildlich restauriertes Rokokojuwel (8 km von Irrel). Das Schloss ist größtenteils vermietet und deshalb innen nicht zu besichtigen. Die Parkanlage ist aber frei zugänglich, und es gibt ein hübsches *Museumscafé (tgl. 11–18 Uhr | Tel. 06561 9 68 60 | www.roemerbetriebe.de/museumscafe-remise)* in der früheren Remise.

SKULPTURENPARK **(123 D4)** (*D8*)
Auf 20 000 m² haben die Künstler Alfred und Hubert Kruft in Niederprüm (31 km nördlich von Bitburg) einen fantastischen Garten mit aus Bronze oder Kupfer gearbeiteten Fischreihern, Libellen, Bienen und Springbrunnen gestaltet. *Tgl. 10–17 Uhr | Eintritt 2 Euro | St.-Vither-Str. 62 | Niederprüm | www.skulpturenpark-kruft.de*

STAUSEE BITBURG **(129 D2)** (*D11*)
Wassersportfans kommen am idyllisch gelegenen Stausee bei Biersdorf (10 km westlich von Bitburg) auf ihre Kosten. Umgeben von bewaldeten Höhen, können sie rudern, paddeln, surfen und angeln. Baden und Motorbootfahren sind dagegen verboten, da es sich um ein Trinkwasserreservoir handelt. Um den See führt eine etwa 5 km lange Promenade. Quartier bietet das familiär geführte *Hotel Theis-Mühle (17 Zi. | Mühlenstr. 4 | Biersdorf am See | Tel. 06569 9 67 70 | www.theismuehle.de | €)* mit hauseigener Konditorei und Biergarten.

LOW BUDG€T

Günstiger durch Trier geht es mit den drei Versionen der *AntikenCard*. Die AntikenCard Basic gewährt Zutritt zum Rheinischen Landesmuseum sowie zwei Römerbauten. Sie kostet 12 Euro, bis zu 4 Kinder unter 18 sind inklusive. Erhältlich an den jeweiligen Kassen.

Vom Bogenschießen bis zur GPS-Rallye: Im *Youtel (67 Zi. | Westpark 10 | Tel. 06561 94 44 10 | www.youtel.de)* in Bitburg können Sie nicht nur günstig übernachten, sondern auch verschiedene Aktivangebote buchen. Das Jugendhotel ist auf Gruppen ausgelegt, bietet aber auch Zimmer für Einzelreisende.

Einen Steinkrug – oder besser Viezporz – voll Apfelwein (eben den Viez) oder Apfelsaft füllt das *Alte Pfarrhaus (Auw an der Kyll | Marienstr. 16 | www.pfarrhaus-auw.de)* besonders günstig: 0,4 l kosten nur 2,20 Euro.

TRIER

(129 F6) (*E–F14*) **in Deutschlands ältester Stadt (110 000 Ew.) können Sie mitten in einem römischen Amphitheater stehen und sich vorstellen, wie einst die Gladiatoren gekämpft haben.**

Sie können durch das größte römische Stadttor nördlich der Alpenschreiten, die Porta Nigra. Und Sie können erleben, wie moderne und antike Architektur eine Symbiose eingehen: Auf dem Viehmarkt

WESTEIFEL

Eines der schönsten Gebäude am Trierer Hauptmarkt ist die sogenannte Steipe (erbaut ca. 1430)

schützt der Glaswürfel des Stararchitekten Oswald Mathias Ungers die Ruinen einer Thermenanlage – „Vitrine" nennen die Trierer den Bau etwas respektlos. Auf dem Freihof vor dem mächtigen Dom werden zwei Jahrtausende Kulturgeschichte des Abendlands lebendig. Zugleich ist das geschichtsträchtige Trier eine jugendliche Stadt. Die Studenten der Universität sorgen dafür, dass in Kneipen und Bistros, auf Plätzen und Bühnen immer etwas los ist. Im Zentrum der Altstadt liegt der mittelalterliche Hauptmarkt. Er gilt als Triers gute Stube und ist bei Festen stets Mittelpunkt des Geschehens.

Schon vor den Römern gab es eine keltische Siedlung vom Stamm der Treverer in der Talweite der Mosel. 16 v. Chr. gründete der römische Kaiser Augustus die *Augusta Treverorum*, die Augustus-Stadt der Treverer. Vom 2. bis 4. Jh. entstanden die römischen Bauten, deren Überreste noch heute beeindruckend sind: die Porta Nigra, das Amphitheater, die Basilika und die Kaiserthermen. *Roma Secunda,* das Zweite Rom, wurde Trier genannt, war es doch ab 285 Hauptstadt des römischen Westreichs.

Mehr zur Historie erfahren Sie bei den zweistündigen Stadtrundfahrten *(Mai–Okt. tgl. 14 Uhr, Nov./Dez. Sa 14 Uhr | 13,90 Euro)* oder Stadtrundgängen *(Jan.–März Sa 10.30, April–Okt. tgl. 10.30 u. 14.30, Nov./Dez. Sa/So 10.30 Uhr | 10,90 Euro)* der Stadt Trier *(jeweils ab Porta Nigra | Tel. 0651 97 80 80 | www.trier-info.de)*. Informationen zu Trier und Umgebung finden Sie auch im MARCO POLO Band „Mosel".

SEHENSWERTES

AMPHITHEATER
Um das Jahr 100 errichtet, ist es das älteste Bauwerk Triers. Die Arena fasste 20 000 Zuschauer und war u. a. Schauplatz blutiger Spektakel zur Unterhal-

TRIER

tung des Volks: Gladiatorenduelle und Kämpfe zwischen Mensch und Tier *(April–Sept. tgl. 9–18, Okt. u. März tgl. 9–17, Nov.–Feb. 9–16 Uhr | Eintritt 4 Euro | Olewiger Str. | www.trier-info.de/amphitheater-info)*. Ein besonderes Erlebnis ist eine INSIDER TIPP abendliche Führung mit dem Gladiator Valerius (dargestellt von einem Schauspieler) durch Katakomben und Kampfstätten *(Anmeldung: Tel. 0651 97 80 80 | April–Sept. Fr–So 18 Uhr, Okt. Fr–So 17 Uhr | 13,90 Euro | www.erlebnisfuehrungen.de)*.

BASILIKA
Zwischen 305 und 311 unter Kaiser Konstantin errichtet, beeindruckt der Hallenbau durch seine riesigen Ausmaße. Der kaiserliche Thronsaal wird heute als evangelische Kirche genutzt. *April–Okt. Mo–Sa 10–18, So 13–18, Nov.–März Sa (Dez. auch Mo) 10–12 u. 14–16, So 13–15 Uhr | Eintritt frei | Konstantinplatz*

DOM
Die Doppelkirchenanlage Dom St. Peter und Liebfrauen geht auf die römische Zeit zurück, als hier ein Kaiserpalast stand. Es ist die älteste Bischofskirche Deutschlands. Der Dom beherbergt den Heiligen Rock – eine Reliquie, die Fragmente der Tunika Christi enthalten soll. *Nov.–März tgl. 6.30–17.30, April–Okt. tgl. 6.30–18 Uhr | Eintritt frei | Domfreihof | Führungen: Tel. 0651 9 79 07 90 | www.dominformation.de*

KAISERTHERMEN
Der spätantike Bäderpalast wurde um 300 unter Kaiser Konstantin begonnen, aber nie fertiggestellt. Erhalten sind die unterirdischen Wirtschaftsgänge: Mehrere Meter unter der Erde zeigt sich bis heute, wie modern die römische Kultur war. *April–Sept. tgl. 9–18, Okt. u. März tgl. 9–17, Nov.–Feb. 9–16 Uhr | Eintritt 4 Euro | Kaiserstr./Ecke Weberbach | www.trier-info.de/kaiserthermen-info*

KARL-MARX-HAUS
Im Geburtshaus des Philosophen und Kommunisten, einem barocken Bürgerhaus, sind Dokumente zum Leben und Wirken des Begründers der modernen Arbeiterbewegung ausgestellt. *April–Okt. Mo–So 10–18, Nov.–März Mo 14–17, Di–So 11–17 Uhr | Eintritt 4 Euro | Brückenstr. 10 | www.fes.de/karl-marx-haus*

KURFÜRSTLICHES PALAIS
Das rosafarbene Prachtschloss direkt neben der Konstantin-Basilika gilt als einer der schönsten Rokokopaläste der Welt. Drinnen sitzt eine Verwaltung, sodass man nur selten reinkommt. Aber am schönsten ist das Palais sowieso von außen. Schlendern Sie durch den romantischen Park mit neckischen Skulpturen und Wasserspielen. Oder machen Sie's wie die Studenten und sonnen Sie sich auf der Wiese dahinter mit Blick auf die Kaiserthermen. *Willy-Brandt-Platz 3*

PORTA NIGRA ★
Das Wahrzeichen der Stadt Trier stammt aus dem 2. Jh. und war Teil einer gewal-

---

CITY WOHIN ZUERST?
Von der **Porta Nigra** gehen sternenförmig alle Straßen ab, auch die Fußgängerzone. In der Nähe liegen Domfreihof, Konstantinplatz, Palastgarten, Landesmuseum, Kaiserthermen. Busse fahren ab Hauptbahnhof in alle Richtungen. Wer mit dem Auto kommt, folgt dem Parkleitsystem zu den Parkhäusern „Basilika", „City", „Hauptmarkt" oder „Konstantin" *(www.parken-in-trier.de)*.

WESTEIFEL

tigen Stadtmauer. Es ist die größte noch erhaltene Torburg aus römischer Zeit nördlich der Alpen. Berühmt wurde das Tor auch, weil der Einsiedler Simeon hier

RÖMERBRÜCKE
Von der ältesten römischen Brücke Deutschlands sind noch die Pfeiler aus dem 2. Jh. erhalten, die Brückenbögen

Nie fertig geworden und gerade deshalb die Fantasie anregend: die Kaiserthermen aus dem 3. Jh.

im 11. Jh. einzog und starb. Ihm zu Ehren wurde das Tor zum Kern einer „Kirchenburg", die in napoleonischer Zeit wieder abgetragen wurde. *Öffnungszeiten wie Kaiserthermen | Eintritt 4 Euro | Porta-Nigra-Platz*

RHEINISCHES LANDESMUSEUM
Alle wichtigen regionalen Funde aus der Vorgeschichte, der Römerzeit und dem Mittelalter sind hier versammelt. Sie stammen aus dem Teil der Eifel, der einst zum Kurfürstentum Trier gehörte. Die multimediale Inszenierung „Im Reich der Schatten" erweckt diese Geschichte zum Leben. *Di–So 10–17 Uhr | Eintritt 8 Euro | Weimarer Allee 1 | www.landesmuseum-trier.de*

stammen vom Beginn des 18. Jhs. Ein Rätsel bleibt, warum die Brücke im Zweiten Weltkrieg nicht von den Nationalsozialisten gesprengt wurde. So konnten die Amerikaner am Morgen des 2. Mai 1945 über die unzerstörte Brücke nach Trier gelangen.

ESSEN & TRINKEN

BECKER'S HOTEL UND RESTAURANT
Im Stadtteil Olewig hat sich Wolfgang Becker zwei Michelin-Sterne erkocht. Wenn Sie confierten Oktopus oder Gelee von Champagnerlinsen kosten möchten, nix wie hin. Das ca. zehn Gänge umfassende Menü können Sie auch auf fünf reduzieren. Dazu probieren Sie am besten den hauseigenen Wein. Wenn's ein

TRIER

Gläschen zu viel war, bleiben Sie da und übernachten im dazugehörigen Hotel (18 Zi.). *So–Di geschl.* | *Olewiger Str. 206* | *Tel. 0651 93 80 80* | *www.beckers-trier.de* | *€€€*

SCHLEMMEREULE
Im stilvollen Restaurant im historischen Palais Walderdorff bietet Chef Peter Schmalen feine, regional und international inspirierte Küche. Im Sommer sitzen Sie im Innenhof mit Blick auf den „Turm Jerusalem" aus dem 11. Jh. *So geschl.* | *Domfreihof 1b* | *Tel. 0651 7 36 16* | *www.schlemmereule.com* | *€€€*

SCHLOSS MONAISE
Schöner speisen geht nicht: Im frühklassizistischen Schloss aus dem Jahr 1780 servieren Hubert und Birgit Scheid erlesene Gerichte in perfekt durchkomponiertem Ambiente. Die Terrasse ist ein Traum! *Mo/Di geschl.* | *Schloss Monaise 7* | *Tel. 0651 82 86 70* | *www.schloss-monaise.de* | *€€€*

WALDERDORFF'S
Das schicke Caférestaurant im historischen Palais ist ein beliebter Treffpunkt, die dazugehörige *Napoleon Resto-Bar* die schönste Weinbar in Trier. Ob der französische Namensgeber tatsächlich einst

Beliebter Treffpunkt der Trierer: das Café-Restaurant Walderdorff's im rosé-weißen Rokoko-Palais

hier nächtigte und Moselwein genoss, wie behauptet wird, ist wohl ins Reich der Legenden zu verorten. Von der Terrasse haben Sie den perfekten Blick auf den Dom. *Domfreihof 1a* | *Tel. 0651 9 94 44 12* | *www.walderdorffs.de* | *€–€€*

INSIDER TIPP ▶ WEINSTUBE KESSELSTATT
Moselfränkische Weinstube gegenüber dem Dom, mit einer Terrasse unter Weinreben. Innen tafeln Sie zwischen wandhohen Flaschenregalen im Ambiente eines alten Gutshauses. Auf der Karte: regionaltypische Küche mit Wurst- und

WESTEIFEL

Käseplatten, Griebenschmalz oder Fisch. *Tgl. | Liebfrauenstr. 10 | Tel. 0651 4 11 78 | www.weinstube-kesselstatt.de | €€*

ZUM PETRUSBRÄU
Im eigenen Brauereiausschank der Trierer Petrusbräu können Sie sich original Trierer Bier schmecken lassen. Der Biergarten hat Kultstatus. Und was Leckeres zu essen aus regionalen Zutaten gibt es auch. *Mo geschl. | Kalenfelsstr. 3 | Tel. 0651 17 05 99 91 | www.triererpetrusbraeu.de | €*

FREIZEIT & SPORT

Durch Trier führt der insgesamt 275 km lange *Mosel-Radweg,* der Sie bis Koblenz oder ins französische Thionville bringt, immer am Fluss entlang und an endlosen Weinbergen vorbei. Infos unter *www.mosellandtouristik.de.*

Wenn Sie's weniger sportlich mögen, besteigen Sie im Ortsteil Zurlauben mit seinen geduckten Fischerhäuschen aus dem frühen 19. Jh. ein Ausflugsboot und tuckern damit den Fluss entlang *(Tel. 0651 2 66 66 | www.moselrundfahrten.de).*

AM ABEND

INSIDER TIPP ▶ DE WINKEL
DJ-Sets und leckere Hausmannskost, coole Atmo und knuffiger Biergarten gehen nicht zusammen? Bei Winny und Morris schon. Seit 1998 betreiben die Trierer Kultgastronomen die Kneipe, die bei Studenten als eine der angesagtesten Adressen für jüngere bis hin zu den ganz alten Semestern gilt. *So/Mo geschl. | Johannisstr. 25 | Tel. 0651 4 36 18 78 | www.de-winkel.de | €*

ZAPOTEX
Was 1982 als studentische Schnapsidee begann, hat sich zur Szenebar gemausert. Für einen ruhigen Abend ist das „Zapo" nix, dafür ist fast immer viel los. *Tgl. | Am Pferdemarkt 1A | Tel. 0651 7 58 22 | www.zapotex.de*

ÜBERNACHTEN

EVERGREEN HOSTEL
Familiäres Hostel in der Innenstadt, auch Mehrbettzimmer. Mit Selbstversorgerküche und Fahrradverleih, lauschigem Innenhof und Grillstelle. *10 Zi. | Gartenfeldstr. 7 | Tel. 0651 69 98 70 26 | evergreen-hostel.de | €*

PARK PLAZA TRIER
Erstes Haus am Platz, modern eingerichtet, aber mit römischen Elementen gespickt. Großer Wellnessbereich in echt römischem Ambiente. *150 Zi. | Nikolaus-Koch-Platz 1 | Tel. 0651 9 99 30 | www.parkplaza-trier.de | €€€*

RÖMISCHER KAISER
Hier wohnen Sie direkt an der Porta Nigra in modern und stilvoll eingerichteten Zimmern, die sich die Atmosphäre des Baujahrs 1895 bewahrt haben. Gutes Frühstücksbuffet! *43 Zi. | Porta-Nigra-Platz 6 | Tel. 0651 9 77 01 00 | www.friedrich-hotels.de | €€–€€€*

SCHRÖDERS WALDHOTEL
Landhotel mit komfortablen Zimmern direkt am Eifelsteig – ideal für Wanderer. Idyllischer Garten mit mediterranem Flair, Restaurant mit feiner regionaler Küche. *55 Zi. | Am Gillenbach 12 | Tel. 0651 84 08 40 | www.stadtwaldhotel.com | €–€€*

AUSKUNFT

TOURIST-INFORMATION TRIER
An der Porta Nigra | 54290 Trier | Tel. 0651 97 80 80 | www.trier-info.de

Bild: Gemündener Maar

VULKANEIFEL

Zwischen Gerolstein und Wittlich, Manderscheid und Ulmen fallen immer wieder kegelförmige Bergkuppen auf, die sich aus der Landschaft erheben. Es sind Vulkankegel, deren Aktivität meist nur einige zehntausend Jahre zurückliegt.

Wandern in der Vulkaneifel ist wie eine Zeitreise durch die Erdgeschichte. Und noch immer brodelt es unter der Erde. Das beweisen die zahlreichen kohlensäurehaltigen Mineralwasserquellen oder der Wallende Born in Wallenborn – eine Quelle, aus der in regelmäßigen Abständen eine Fontäne emporsprudelt. Viele Vulkankuppen sind von Burgen gekrönt, die einst das ganze umliegende Land beherrschten. Und sollte Ihnen ein Eifel-Krimi in die Hand fallen, werden Sie schnell begreifen, warum diese verwunschene Gegend optimal für Krimiautoren ist. Viele lassen speziell um Hillesheim morden, rauben und betrügen.

DAUN

(124 B4–5) (*G8*) **Die Kreisstadt Daun (8000 Ew.) ist idealer Ausgangspunkt für Unternehmungen in die Landschaft der erloschenen Feuerberge.**

Kelten und Römer ließen sich einst auf dem markanten Basaltfelsen über dem Liesertal nieder. Aus diesen Zeiten dürfte sich auch der Ortsname vom keltisch-römischen Wort Dunum für eine befestigte Anhöhe ableiten. Erstmals erwähnt wird der Ort 731. Damals entstand auch die erste Burg auf dem steilen Felsen. Da-

Das heiße Herz der Vulkane:
Vor 10 000 Jahren brodelte die Eifel mit ihren Kratern und Maaren zum vorerst letzten Mal

von ist zwar so gut wie nichts mehr übrig, trotzdem kommen viele Besucher in die quicklebendige Stadt: Daun ist heute als heilklimatischer Kurort bekannt. Vor allem aber liegen direkt nebenan gleich drei „Augen der Eifel", wie die Eifeldichterin Clara Viebig die Maare einst nannte.

SEHENSWERTES

DUNARISQUELLE
Nun gut, der Kurpark von Daun hat schon bessere Zeiten gesehen. Ein Abstecher lohnt sich trotzdem. Hier können Sie das sehr schmackhafte Wasser der Dunarisquelle probieren und im Tret- oder Armbecken ein Weilchen kneippen. *Maria-Hilf-Str. 22*

VULKANMUSEUM
Per Knopfdruck können Sie einen Vulkanausbruch auslösen – im Modell. Hier erfahren Sie, wie Vulkane und Maare entstanden sind und ob sich der Vulkanismus wirklich beruhigt hat. *Di–So 11–16.30 Uhr, Winterpause s. Website |*

DAUN

Auf dem Nordic-Walking-Parcours „Maarerlebnis Vulkaneifel"

Eintritt 3 Euro | Leopoldstr. 9 | www.vulkaneifel.de/eifel-vulkanmuseum

ESSEN & TRINKEN

CAFÉHAUS SCHULER
Schleckermäulchen kommen an den Torten, Eisvariationen und Pralinen von Konditor- und Eismeister Kay Schuler nicht vorbei. Hunderte nostalgische Kaffeemühlen zieren die Wände des Caféhauses. *Tgl. | Tel. 06592 28 85 | Leopoldstr. 1 | www.cafeschuler.de*

DAUNER KAFFEERÖSTEREI
Verschiedene Kaffeesorten aus aller Welt probieren und dabei zuschauen, wie die Bohnen geröstet werden – der „Kaffeesteig" verbindet mit Kaffeewissen die drei Etagen bis zur Rösterei. Für Krimifans gibt es die Kaffeeedition „Tatort Eifel". *Wirichstr. 16a | So geschl., geröstet wird Mo u. Do 10–12 Uhr | Tel. 06592 98 29 29 | www.dauner-kaffeeroesterei.de*

GRAF LEOPOLD IM KURFÜRSTLICHEN AMTSHAUS
Erste Adresse in der Vulkaneifel. In den historischen Räumen des kurfürstlichen Amtshauses die sterngekrönte deutsch-französische Küche genießen. Wer über Nacht bleibt, kann im Himmelbett schlafen. *Mo/Di geschl. | Schlosshotel | Burgfriedstr. 28 | Tel. 06592 92 50 | www.daunerburg.de | €€€*

INSIDER TIPP ▶ KUCHER'S LANDHOTEL
Exquisites Landhaus (14 Zi.) mit gut bestücktem Weinkeller und herausragender Küche in Darscheid (ca. 5 km): neue deutsche Küche im Gourmetrestaurant (€€€), Regionales in der Weinwirtschaft (€€), auch Gourmet-Kochkurse. *Mo geschl. | Karl-Kaufmann-Str. 2 | Tel. 06592 6 29 | www.kucherslandhotel.de*

FREIZEIT & SPORT

KOSMOSRADWEG KLEINE KYLL
Zwischen Gegenwart und Urknall: Auf der 22 km langen, kurvenreichen Trasse vom Kurpark Daun nach Meerfeld wird alles, was sich unseren Vorstellungen von Raum und Zeit entzieht, erfahrbar. Einzelne Planeten sind maßstäblich in Größe und ihrer Entfernung zur Sonne dargestellt. Auf den letzten 5 km bis zum Meerfelder Maar entspricht jeder Schritt einem Zeitabschnitt von rund 2 Mio. Jahren. *www.gesundland-vulkaneifel.de*

MOUNTAINBIKE
Diese Biketouren sind Ritte auf dem Vulkan – es geht über Basaltfelsen, Planken, Stege und Stufen, vorbei an Kraterseen und manche Schlucht hinab. Das engmaschige Streckennetz des Vulkanbike Trailparks bietet 750 km beinahe unend-

VULKANEIFEL

lich kombinierbare Tourenmöglichkeiten. Plus: geführte Touren und Fahrtechniktrainings ab 79 Euro. *vulkan.bike/trail park-2*

NORDIC WALKING

Im Parcours *Maarerlebnis Vulkaneifel* sind 18 Routen mit einer Gesamtlänge von 230 km in unterschiedlichen Schwierigkeitsgraden für Nordic Walker ausgewiesen. Jeweils sechs Routen beginnen am Dauner Kurpark, in Schalkenmehren und Gillenfeld.

OBSERVATORIUM HOHER LIST

Auf dem Hohen List (551 m) bei Schalkenmehren erlaubt die ehemalige Sternwarte der Universität Bonn einen Blick in den Sternenhimmel. *Führungen April–Okt. Mi 11 Uhr, Anmeldung erforderlich: Tel. 06592 9 51 30 | Eintritt 5 Euro | www.hoher-list.de*

ÜBERNACHTEN

MICHELS WOHLFÜHLHOTEL

Am Schalkenmehrener Maar, 5 km vom Stadtzentrum entfernt, steht das komfortable Ferienhotel. Die 900 m² große Spa-Welt steht auch Tagesgästen offen und ist eine gelungene Mischung aus Hallenbad, Saunen und Wellness, unter anderem auch mit Mühlrad-Dampfbad, Yoga und Ayurveda. *49 Zi. | St.-Martin-Str. 9 | Schalkenmehren | Tel. 06592 92 80 | www.landgasthof-michels.de | €€€*

NATURPUR-HOTEL MAARBLICK

Von der Türschwelle ins Meerfelder Maar abtauchen, beim Basenfasten und Wandern die Seele baumeln lassen, anschließend ins Spa und zur Naturkosmetik – oder einfach die gute Küche mit Zutaten aus biologischem Anbau genießen. *26 Zi. | Meerfeld | Tel. 06572 44 94 | www.naturpurhotel.de | €€–€€€*

AUSKUNFT

TOURIST-INFORMATION DAUN
Leopoldstr. 5 | 54550 Daun | Tel. 06592 9 51 370 | www.gesundland-vulkaneifel.de

ZIELE IN DER UMGEBUNG

BAD BERTRICH (131 D1) (*J10*)
Das Staatsbad Bad Bertrich (1000 Ew., 24 km südöstlich von Daun) verströmt noch echte Belle-Époque-Atmosphäre. Zumindest die Architektur, denn die Kurgäste sehen leider nicht mehr so fein und gediegen aus, wie man das von alten Postkartenmotiven kennt. Mittelpunkt des von sieben Vulkanen umschlossenen Kurorts ist das *Kurfürstliche Schlösschen,* das sich der Trierer Kurfürst

MARCO POLO HIGHLIGHTS

★ **Totenmaar**
Im Volksmund heißt das Weinfelder Maar auch Totenmaar. Der See ist ein sagenumwobenes Idyll → S. 60

★ **Kriminalhaus**
In Hillesheim dreht sich alles um die Kunst des Tötens → S. 62

★ **Burgen von Manderscheid**
Romantik alter Ritterburgruinen schlechthin → S. 65

★ **Urpferd**
Im Eckfelder Maar bei Eckfeld fand man das besterhaltene Urpferdeskelett Europas → S. 65

★ **Mosenberg**
Eifelvulkan mit Kratersee, Lavafelsen und weiter Aussicht → S. 67

DAUN

Clemens Wenzeslaus 1785 erbauen ließ. In der Trinkhalle können Sie sich ein Gläschen ganz besonderes Mineralwasser genehmigen: Im Ueßbachtal sprudelt nämlich die einzige *Glaubersalztherme* Deutschlands. Bei 32 Grad warmem Wasser können Sie im Solebad der ● *Vulkaneifeltherme* abtauchen. Oder sich in der Lavalicht- und Schiefersaunalandschaft mit Ruheräumen, Außengarten, Wellness- und Gesundheitsbereich vergnügen. *Therme: tgl. 9–22 Uhr, Sauna: Mo–Do 11–22, Fr–So 9–22 Uhr | Tageskarte ab 13,50 Euro | Clara-Viebig-Str. 3–7 | www.vulkaneifeltherme.de).*

Im *Landschaftstherapeutischen Park (Am Römerkessel)* soll die „Freudefähigkeit" in je sieben Gärten und Atmosphärebädern gefördert werden. Wenige Meter vom Kurzentrum entfernt liegt das *Hotel Elfenmühle (8 Zi. | Kurfürstenstr. 1 | Tel. 02674 9 13 68 28 | www.elfenmuehle.de | €€)*. Spezialitäten des *Restaurants (So abends geschl.)*: Wildgerichte und Forellen. *Tourist Information: Kurfürstenstr. 32 | 56846 Bad Bertrich | Tel. 02674 93 22 22 | www.bad-bertrich.de*

INSIDER TIPP ▶ BIRGEL (123 F2) (*ω E7*)

Mit gleich vier Mühlen auf seinem Gelände kann Chefmüller Erwin in der Historischen *Wassermühle (tgl. | Führungen tgl. 11.30 Uhr | Bahnhofstr. 16 | Eintritt 8,50 Euro | Tel. 06597 9 28 20 | www.moulin.de)* im Örtchen Birgel (26 km nordwestlich von Daun) aufwarten. Alle vier, auch die älteste aus dem 13. Jh., sind voll funktionstüchtig. Während der Führungen können Sie beim Mahlen von Getreide, Raps und Senfkörnern zugucken und die daraus gewonnenen Produkte im Mühlenlädchen erwerben. Ein echt uriges Restaurant (€€) und acht Zimmer und sechs Apartments in vier historischen Fachwerkhäusern (€€–€€€) gibt es auch.

DAUNER MAARE (124 B5) (*ω G9*)

Dicht beieinander liegen das *Gemündener*, das *Weinfelder* und das *Schalkenmehrener Maar* (3–5 km südlich von Daun). Die beste Aussicht auf die Vulkanseen bietet der ☼ *Dronke-Turm*, den Sie in einem kurzen Spaziergang erreichen. Am schönsten ist das ★ ● *Weinfelder Maar*, im Volksmund auch *Totenmaar* genannt, mit seiner einsamen Friedhofskapelle. Seinen Namen verdankt es dem Friedhof, der die Kapelle aus dem 14. Jh. auf dem Maarwall umgibt. Doch das Dorf, das hier einst in der Nähe lag, ist vom Erdboden verschwunden. Einer Sage zufolge soll an der Stelle des Maars einmal ein Schloss gestanden haben, das samt seiner hartherzigen Bewohnerin vom Wasser verschluckt wurde. Beim Verlassen der Kapelle unbedingt die Glocken läuten: So verlangt es ein alter Brauch.

Baden und Bootfahren können Sie im Naturfreibad im *Schalkenmehrener Maar* – im Winter entsteht hier eine Eislauffläche *(Mitte April–Anfang Okt. tgl. 10–18.30 Uhr | Eintritt 4 Euro)*. Ein Sprung ist auch ins *Gemündener Maar* mit Liegewiesen, Bootsverleih möglich *(Mai–Sept. | Eintritt 3,50 Euro)*. Bei der Kirche in Schalkenmehren startet ein 7 km langer *Rundwanderweg* um das Weinfelder Maar mit ☼ traumhaften Aussichten auf das Dorf.

GEROLSTEIN (123 F4) (*ω F8*)

Das Schönste an Gerolstein (7600 Ew., 16 km westlich von Daun) sind die Dolomitfelsen drum herum. Die Klippen sind Ablagerungen eines Meers, das vor 380 Mio. Jahren das Gerolsteiner Land bedeckte. Versteinerte Korallen und Seelilien können Sie auf Äckern und in Steinbrüchen noch heute finden. Die Stadt wurde erstmals 1115 in einer Urkunde des Stifts Münstereifel erwähnt.

VULKANEIFEL

Mit römischen Mosaiken aus dem frühen 20. Jh. glänzt die Erlöserkirche in Gerolstein

Von der *Burg Gerhardstein* über dem Kylltal sind heute nur noch Ruinen übrig. Die im preußischen Stil 1911–13 erbaute und prächtig ausgestattete *Erlöserkirche* (April–Okt. Mi, Sa 11 u. 15 Uhr | Eintritt 3,50 Euro | Sarresdorfer Str. 19) ist leider nur im Rahmen von Führungen zu besichtigen, ebenso wie das benachbarte *Römische Museum,* das Ausgrabungen zeigt, die während der Bauarbeiten an der Kirche gefunden wurden.

Gerolstein ist ein optimaler Ausgangspunkt zum Erkunden des Natur- und *Geoparks Vulkaneifel (www.geopark-vulkaneifel.de),* denn von hier starten gleich mehrere Geo-Themenpfade. Wenn Sie von der Wanderung durstig sind, können Sie sich an der *Helenenquelle* im Kurpark ein Gläschen des berühmten Mineralwassers zapfen. Und im Fall akuter Müdigkeit empfiehlt sich eine Übernachtung im *Landhaus Müllenborn (22 Zi. | Auf dem Sand 45 | 4 km vom Zentrum | Tel. 06591 9 58 80 | www.landhaus-muellenborn.de | €€€),* das neben ❄ Zimmern mit Balkon und prima Aussichten Dampfbad und finnische Sauna, Massageangebote und Chakren-Aktivierung auf dem Wohlfühlprogramm hat. *Tourist-Info Gerolsteiner Land: Bahnhofstr. 4 | 54568 Gerolstein | Tel. 06591 94 99 10 | www.gerolsteinerland.de*

HILLESHEIM (123 F3) (*F7*)

Dem Städtchen (3200 Ew., 20 km nordwestlich von Daun) gelang Ende des 20. Jhs. eine Sanierung der historischen Altstadt, die europaweite Anerkennung erhielt. Besonders die Stadtmauer aus dem 14. Jh. ist ein Anziehungspunkt von Hillesheim. Der ❄ Wehrgang bietet idyllische Ausblicke auf das Städtchen. Am Weiher im Bolsdorfer Tal beginnt der *Geopfad Hillesheim.* An 30 Aufschlüssen gibt er Einblicke in 400 Mio. Jahre Erdgeschichte. Den 125 km langen Pfad

DAUN

Ruhe sanft: Die Bettlektüre im Hillesheimer Krimihotel muss natürlich ein Kriminalroman sein

können Sie in Wanderetappen aufteilen oder die Aufschlüsse von Wanderparkplätzen aus erreichen. Der Tunnel bei Zilsdorf führt mitten in den Schlot des Vulkans Arensberg, der vor 35 Mio. Jahren ausbrach.

In jüngster Zeit hat sich Hillesheim zur deutschen Krimizentrale gemausert: Das ★ ● *Kriminalhaus* beherbergt nicht nur die *Buchhandlung Lesezeichen (Mo geschl. | www.lesezeichen-hillesheim.de)* mit einem liebevoll gepflegten Sortiment an Titeln, sondern auch das *Deutsche Krimi-Archiv (Di–So 10–18 Uhr)* samt tiefen Ohrensesseln zum Schmökern sowie das *Café Sherlock (Mo geschl.):* Hier gibt es zwischen antikem Mobiliar und Waffen Killerkakao, Miss Marple's Teatime und hausgemachte Kuchen. *www.kriminalhaus.de*

Falls Sie vor lauter Mord und Totschlag überhaupt ein Auge zubekommen, sind Sie im *Krimihotel (24 Zi. | Am Markt 14 | Tel. 06593 98 08 96 00 | www.krimihotel.de | €€)* richtig: Alle Themenzimmer widmen sich berühmten Detektiven und Kommissaren und sind entsprechend ausgestattet. Im Hotel finden regelmäßig Lesungen, Krimidinner und Mörderjagd-Wochenenden statt. Im Restaurant des *Hotels Augustinerkloster (57 Zi. | Augustinerstr. 2 | Tel. 06593 98 08 90 | www.hotel-augustiner-kloster.de | €€€)* findet regelmäßig ein „Krimi-Dinner" statt: vier Gänge zu spannenden Ermittlungen in einem Mordfall. Wer lieber entspannt, statt Spuren sucht: Wo vor gut 300 Jahren Mönche beteten, gibt es heute viel Komfort, einen Spa-Bereich, Klosterbrunch und Krimi-Specials.

Im Dörfchen Kerpen (5 km entfernt) liegt *Das kleine Landcafé (Mi–So 12–18 Uhr | Fritz-von-Wille-Str. 8 | www.daskleinelandcafe.de)*. In der umgebauten Scheune werden regelmäßig Lesungen und Kleinkunstabende veranstaltet.

KASSELBURG ⚘ (123 F4) (◫ F8)

Die mächtigen Ruinen der Kasselburg erheben sich wie eine Zitadelle über dem

VULKANEIFEL

Dorf Pelm bei Gerolstein, 13 km westlich von Daun. Die Burg wurde auf dem Basaltstock eines Vulkans erbaut. Im 15. Jh. gab es im Palas einen prachtvollen Rittersaal. Der 37 m hohe Doppelturm gilt als eines der bedeutendsten Beispiele deutscher Burgenarchitektur. Im Mittelalter diente er als Wohnturm, heute ist er von Adlern und Falken besiedelt. Die Kasselburg ist zugänglich bei einem Besuch des *Adler- und Wolfsparks*. Attraktionen sind Greifvogelvorführungen sowie das größte in einem Gehege lebende Wolfsrudel Westeuropas. Ein einzigartiges Erlebnis sind die *Wolfsnächte:* Im kleinen Kreis sind Sie bei der Abendfütterung dabei. Anschließend grillen Sie gemeinsam auf der Burg und lernen, wie die Wölfe zu heulen (*35 Euro/Person). März–Okt. tgl. 10–18, Winter Sa/So 11–16 Uhr (26. Dez.–7. Jan. tgl. 11–16 Uhr) | Wolfsfütterung tgl. 11.45 u. 15.45 (Mo 15) Uhr, Greifvogelschau Di–So 11 u. 15 Uhr | im Winter Wolfsfütterung 14 Uhr, keine Flugvorführungen | Eintritt 8 Euro | Tel. 06591 42 13 | www.greifenwarte.net*

INSIDER TIPP MÜRLENBACH
(123 E5) (*E97*)

Das Örtchen (28 km südwestlich von Daun) ist schon deswegen einen Abstecher wert, weil es direkt an der idyllischen Kyll liegt. Die ist bei Fliegenfischern sehr beliebt, wundern Sie sich also nicht, wenn Ihnen die Angelschnüre um die Ohren sausen. Überragt wird der Ort von der *Bertradaburg (www.bertradaburg.de)* aus dem 14. Jh. Die ist zwar in Privatbesitz, kann aber auf Anfrage besichtigt werden. Toll ist das dazugehörige Burghaus: Darin sind schöne, schicke Ferienwohnungen eingerichtet, in denen

LESEHUNGER & AUGENFUTTER

Mord mit Aussicht – Die Großstadtkommissarin Sophie Haas (Caroline Peters) wird ins (fiktive) Eifelörtchen Hengasch versetzt und geht dort auf Verbrecherjagd. Die witzige Provinzkrimiserie mit tollen Darstellern, darunter der „Tatortreiniger" Bjarne Mädel, erlangte Kultstatus und bescherte auch der Eifel viele neue Fans. Gibt's auf DVD

Das Kreuz im Venn –
Im Roman der „Eifeldichterin" Clara Viebig von 1908 (neu herausgegeben 2010) geht es um einen reichen Fabrikbesitzer, hart arbeitende Bauern, dünkelhafte Offiziere, eine offenherzige Wirtin und ein unwirtliches Strafgefangenenlager. Das Kreuz gibt es wirklich – bei Monschau können Sie hinwandern

Vulkan – Was passiert, wenn in der Eifel doch mal ein Vulkan ausbricht? Für die aufwendige, teilweise in Mendig (Lavadome) gedrehte RTL-Produktion (2009, auf DVD) wurden Stars wie Matthias Koeberlin, Armin Rhode, Heiner Lauterbach und Christian Redl engagiert.

Jasper und sein Knecht – Der mehrfach preisgekrönte niederländische Schriftsteller Gerbrand Bakker hat sich vor ein paar Jahren ein Haus in der Südeifel gekauft. In diesem wunderbaren, sehr ehrlichen und auch ziemlich traurigen Buch (2017) beschreibt er sein Leben mit der Eifel, den Eiflern – und mit einem adoptierten, etwas schwierigen griechischen Straßenköter. Jasper ist übrigens der Name des Hundes

DAUN

Sie für ein paar Tage stilvoll Schlossherr spielen können *(3 Whg. für 3–4 Pers. oder das gesamte Haus für 10 Pers. | Burgring 11–13 | Buchung online unter www.fewo-direkt.de | €€–€€€)*.

NEROTH (124 A4–5) (*m* F8)
Aus diesem Dorf (900 Ew., 12 km westlich von Daun) kam einmal ein Exportschlager, der die Welt eroberte: Mausefallen. Die Nerother waren Meister des Drahtflechtens. Das **INSIDER TIPP** *Mausefallen-Museum (April–Okt. Mi 14–16, Fr 15–17 Uhr | Eintritt 3 Euro | www.neroth. de)* dokumentiert das Verhältnis von Mensch und Maus. Im nahen Caférestaurant *Zur Mausefalle (Mo geschl. | www.mausefalle-neroth.de | €–€€)* gibt es Kuchen aus der eigenen Bäckerei und zünftige Speisen. Im Garten steht übrigens die größte Mausefalle der Welt.

PULVERMAAR (124 C5–6) (*m* H9)
Nahe dem Dorf Gillenfeld (14 km südöstlich von Daun) liegt das *Pulvermaar*. Der kreisrunde See im dichten Buchenwald hat klares blaues Wasser und ist mit 75 m Tiefe Deutschlands tiefster Bergsee außerhalb der Alpen. Im *Naturbad (Mai–Sept. tgl. 10–20 Uhr | Eintritt 4 Euro)* gibt es auch Tret- und Ruderboote.

ULMEN (124–125 C–D4) (*m* H8)
Der älteste und größte Vulkankrater der Eifel, der Jungferweiher und das mit 11 000 Jahren jüngste Maar der Eifel sind im Städtchen Ulmen (17 km östlich von Daun) zu finden. Letzteres kann auf einem 1 km langen Weg umrundet werden. Einen schönen Blick aufs Maar haben Sie von der *Kreuzritterburgruine*. *www.gesundland-vulkaneifel.de*

INSIDER TIPP STROHN (124 C6) (*m* H9)
Anhand kleiner Experimente können Sie im *Vulkanhaus Strohn (April–Okt. Di–So 10–17, Nov.–März Di–So 13–17 Uhr | Eintritt 3 Euro | Hauptstr. 38 | www. vulkanhaus-strohn.de)* nachvollziehen, wie Vulkane funktionieren. Am Ortsrand liegt eine fast 120 t schwere Lavabombe, die einst in zähflüssigem Zustand aus dem Vulkan geschleudert wurde. Das nahe gelegene *Trautzberger Maar* ist erst seit wenigen Jahren mit Wasser gefüllt und kann über den *Lavaweg* erreicht werden. 18 km südlich von Daun

INSIDER TIPP WALLENBORN (124 A5) (*m* F9)
Selbst auf der Vulkaninsel Island gibt es das nicht, was die Eifeler *Brubbel* nennen. Im Dorf Wallenborn (14 km westlich von Daun) wallt eine Quelle alle 35 Minuten mit einer 4 m hohen Fontäne auf. Für Knauserige: Die Wallenborner haben zwar eine Art Sichtschutz rund um ihre Attraktion errichtet, an mehreren Stellen können Sie das Schauspiel aber auch von außen sehen. Geben Sie sich einen Ruck und entrichten Sie den bescheidenen Obolus trotzdem! *Eintritt 1,50 Euro | www.wallenborn-eifel.de*

WILDPARK DAUN (124 B5) (*m* G9)
Wie bei einer Safari fühlt man sich im Wild- und Erlebnispark Daun (4 km westlich von Daun). Vom Auto aus können Sie auf einer 8 km langen Piste das Wild beobachten. Es gibt sechs Aussichtstribünen, um Rot- und Damwild, Mufflons, Bisons, Lamas, Erdmännchen, Berberaffen und Yaks aus der Nähe zu sehen. Nach der Safari können Sie auf der 800 m langen *Sommerrodelbahn* talabwärts sausen. *Mitte März–Ende Okt. tgl. 10–18, bis Mitte Nov. bis 17, Mitte Nov.–Mitte März bis 16 Uhr | Eintritt 9,50 Euro | Rodelbahn: ab April bei trockenem Wetter Mo–Fr 13–18, Sa/So 11–18 Uhr | Fahrt 2,50 Euro | Wildparkstr. 1 | www.wildpark-daun.de*

VULKANEIFEL

MANDERSCHEID

(130 B1) *(F10)* **Ein Urpferdchen und die Burgenfestspiele haben Manderscheid (1300 Ew.) bekannt gemacht.** Der Kneippkurort hat aber noch mehr zu bieten. Vor allem seine Lage in unmittelbarer Nachbarschaft zum romantischsten der Eifeler Maare und dem einzigen Kratersee nördlich der Alpen.

SEHENSWERTES

BURGEN VON MANDERSCHEID ★

Wahrzeichen des Eifelorts sind zwei wuchtige Burgruinen, die über dem Liesertal inmitten dichter Laubwälder thronen. Die auf steilem Fels im 12. Jh. gebaute Niederburg der Grafen von Manderscheid und die romanische Oberburg der Trierer Erzbischöfe sind zwei typische Eifelritterburgen. Alljährlich im August erinnern Ritterturniere an vergangene Zeiten. Damals standen sich die Burgen meist feindlich gegenüber. *Oberburg: frei zugänglich, Niederburg: Ende März–Okt. Mi–Mo 10.30–17 Uhr | Eintritt 3 Euro | Niedermanderscheider Str. 1 | www.niederburg-manderscheid.de*

HEIMATMUSEUM

Das kleine Museum gegenüber dem Rathaus zeigt die bewegte Geschichte der Manderscheider Grafen und der beiden Burgen, aber auch das Leben der Bauern und Handwerker. *Ostern–Okt. Di–Fr 11–17, Sa/So 11–16, Nov.–Ostern Mi–Fr 11–17, Sa/So 11–16 Uhr | Eintritt 1,50 Euro | Kurfürstenstr. 24*

MAARMUSEUM

Aus Manderscheid stammt das älteste Säugetier der Eifel: das ★ *Urpferd*, eine

Zeugnisse mittelalterlicher Rivalität zwischen Adel und Klerus: die Manderscheider Burgen

MANDERSCHEID

trächtige Stute, die vor 45 Mio. Jahren in einem Maarsee ums Leben kam. Dieses versteinerte Pferd ist einer der einzigartigen Funde, die Wissenschaftler am Eckfelder Maar ausgegraben haben und die hier besichtigt werden können.

Das *Eckfelder Maar* ist heute eine Fossilfundstätte von Weltrang. Der dort gefundene Tonschiefer hat sich vor 45 Mio. Jahren abgelagert und wie in einem Herbarium die Tier- und Pflanzenwelt konserviert. Er erlaubt Einblicke in die Lebenswelt des Eozäns, in dem sich die heutigen Blütenpflanzen und Säugetiere herausgebildet haben.

Neben diesen Fundstücken bietet das in einer ehemaligen Turnhalle untergebrachte Museum eine Übersicht über die Maarforschung. Die ehemals tropische Eifellandschaft wurde rekonstruiert, und Sie können auf einer Zeitreise in das Innere der Erde miterleben, wie ein Maar entsteht. *Mo geschl., sonst wechselnde Öffnungszeiten: s. Website | Eintritt 3 Euro | Wittlicher Str. 11 | www.maarmuseum.de*

ESSEN & TRINKEN

HEIDSMÜHLE
Aus der alten Mühle ist ein lauschiges Ausflugsziel am Ufer der Kleinen Kyll geworden. Spezialität: Forellen aus eigener Zucht vor der Haustür. Und auch sonst wird Wert auf regionale Produkte gelegt. *Tgl. | Mosenbergstr. 22 | Tel. 06572 747 | www.heidsmuehle.de | €–€€*

WEIN-CAFÉ DE PORT
An der Hauptstraße in die Sonne blinzeln und Leute beobachten, dazu Wein und Flammkuchen: Das De Port ist ein guter Ort fürs Laisser-faire. *Do, im Herbst/Winter auch Mo geschl. | Kurfürstenstr. 13 | Tel. 06572 93 20 92 | www.weincafe-deport.de | €€–€€€*

ÜBERNACHTEN

INSIDER TIPP STROHPENSION EIFEL
Familie Fox hat ihre Scheune umgebaut und zwei Kojen mit frischem Stroh gefüllt. Im eigenen Schlafsack eingemummelt piekt nichts, und Sie sind weich gebettet. Oder Sie übernachten nebenan im Ferienhaus. *Dauner Str. 3 | Tel. 06572 48 76 | www.strohpension-eifel.de | €*

AUSKUNFT

TOURIST-INFO MANDERSCHEID
Grafenstr. 21 | 54531 Manderscheid | Tel. 06572 9 98 90 05 | www.gesundland-vulkaneifel.de

ZIELE IN DER UMGEBUNG

EIFELER GLOCKENGIESSEREI
(124 B6) (*G9*)
Seit mehr als 300 Jahren: In Brockscheid (9 km nordöstlich von Manderscheid) können Sie lernen, wie Glocken aus Bronze und Messing gegossen werden – und mit viel Glück sogar bei einem Guss dabei sein. *Mo–Sa stdl. 10–12 u. 14–16, Nov.–April nur 15 Uhr | Eintritt 3 Euro | Glockenstr. 51 | www.glockengiesser.de*

HIMMEROD (130 A2) (*F10*)
1134 kamen zwölf Zisterziensermönche aus Clairvaux ins Tal der Salm. Sie suchten einen Ort der Abgeschiedenheit, der sich für den Bau eines Klosters eignete. Der weitläufige Klosterkomplex (12 km südlich von Manderscheid) ist bis heute ein einsamer Ort geblieben. 1802 wurde das Kloster unter französischer Herrschaft aufgehoben und verfiel, 1919 bauten bosnische Zisterziensermönche die Gebäude wieder auf. 2017 beschlossen die Zisterzienser die Auflösung des Konvents. Es gibt Bestrebungen, Himmerod als geistlichen Ort zu erhalten. Angeblich konnte bereits

VULKANEIFEL

In der Eifeler Glockengießerei geht es immer noch zu wie in Schillers berühmtem Lied

ein Mönch für das Projekt begeistert werden.
Aber auch ohne Mönche ist Himmerod ein himmlischer Ort. Sie können über das weitläufige Gelände spazieren, den alten Friedhof oder die Gärtnerei besuchen und natürlich die Abteikirche besichtigen. Schön für den Nachwuchs ist der INSIDER TIPP *Bienenlehrpfad*, auf dem man den Insekten auch beim Wabenbau zugucken kann. Oder Sie kehren in die *Klostergaststätte (Mo geschl. | €–€€)* ein und lassen sich eine Himmeroder Klosterforelle schmecken. *Abteistr. 3 | Großlittgen | www.abteihimmerod.de*

MEERFELDER MAAR (130 A1) (*F10*)

Ein gewaltiger Vulkankrater bietet Platz genug für das Dorf Meerfeld und das zweitgrößte Maar der Eifel: das mindestens 30 000 Jahre alte Meerfelder Maar (5 km westlich von Manderscheid). Die Gegend rundherum ist INSIDER TIPP *Naturschutzgebiet*. Auf dem Wasser blühen Seerosen, am Ufer wachsen gelbe Schwertlilien. Den besten Überblick über die Landschaft bietet der Aussichtsturm *Landesblick*. Gepflegt übernachten und im modernen Wellnessbereich samt Soleraum entspannen können Sie im *Hotel zur Post (29 Zi. | Meerbachstr. 24–26 | Tel. 06572 93 19 00 | www.die-post-meerfeld.de | €€€)*. Am Maar gibt es auch ein Naturfreibad.

MOSENBERG ★ (130 A1) (*F10*)

Der Mosenberg (4 km westlich von Manderscheid) ist unter geologisch Interessierten weltberühmt: Der Reihenvulkan hat mehrere Kegel und den einzigen Kratersee nördlich der Alpen. Vom Gipfelkreuz über dem *Windsborn* haben Sie einen fantastischen Blick in den Krater und die umliegende Vulkanlandschaft. Empfehlenswert ist ein kleiner Spaziergang in die Wolfsschlucht: Hier sind noch Basaltsäulen aus der Zeit zu sehen, als sich bei einem Vulkanausbruch ein mächtiger Lavastrom hinunter ins Tal der Kleinen Kyll gewälzt hat.

67

WITTLICH

Puppenhaus: Das Wittlicher Türmchen

WITTLICH

(130 C2–3) *(G11)* Die Stadt hat Schwein! Berühmt ist Wittlich (19 500 Ew.) nämlich für seine alljährlich im August stattfindende Säubrennerkirmes, bei der – der Name ist Programm – eine Menge Säue gegrillt werden *(www.kirmes-wittlich.de)*.

Schweine stehen auch überall in der Stadt herum – natürlich keine echten. Unabhängig von den ganzen Borstenviechern ist Wittlich wirklich einen Besuch wert. Lassen Sie sich von den ganzen Industrie- und Gewerbebauten bei der Einfahrt nicht vergraulen. Das Zentrum ist sehr, sehr hübsch. Ein bisschen wie Trier in klein und ohne Römerbauten. Vor allem aber hat Wittlich ein offensichtlich erfolgreiches Konzept gegen das Innenstadtsterben entwickelt. „alwin" lautet der Name der Initiative, in deren Rahmen Geschäftsgründungen und Neuansiedlungen intensiv gefördert werden und die dem Leerstand entgegenarbeiten soll. Mit dem Resultat, dass Sie in Wittlich noch wunderbar shoppen und speisen können. Und zu sehen gibt's auch was.

SEHENSWERTES

CASA TONY M.
In den barocken Räumlichkeiten der *Alten Posthalterei Thurn & Taxis* aus dem Jahr 1752 befindet sich das Museum, das Wechselausstellungen des aus Wittlich stammenden Malers und Filmemachers Tony Munzlinger zeigt. Bekannt gemacht haben ihn vor allem seine Cartoons und Karikaturen, die in den 1960er- und 1970er-Jahren auch von internationalen Zeitschriften wie „LIFE" veröffentlicht wurden. Den Schlüssel zur Ausstellung bekommen Sie im Kulturamt im Alten Rathaus. *Di–Sa 11–17, So 14–17 Uhr | Eintritt 3 Euro | Marktplatz 3 | www.casatonym.de*

KULTUR- UND TAGUNGSSTÄTTE SYNAGOGE
Die Synagoge, eine imposante Mischung aus Jugendstil und Neoromanik, wurde in der Progromnacht 1938 von den Nazis verwüstet und in den 1980er-Jahren originalgetreu wiederhergestellt. Eine *Dauerausstellung (Di–So 14–17, Mi auch 9.30–12 Uhr | Eintritt frei | Himmeroder Str. 44)* nebenan (selber Eingang) informiert Sie über „700 Jahre jüdisches Leben in Wittlich". Der Stadtplan „Jüdisches Wittlich" führt Sie zu markanten und historisch bedeutsamen Schauplätzen des ehemaligen jüdischen Lebens in der Stadt. Gibt's in der Touristinfo und in der Synagoge.

VULKANEIFEL

STÄDTISCHE GALERIE
Im *Alten Rathaus,* einem Renaissancebau aus dem Jahr 1652, ist die Städtische Galerie und in ihr eine Georg-Meistermann-Ausstellung untergebracht, die sich dem Werk des berühmten Glasmalers (1911–90) widmet. Höhepunkt sind die „Apokalyptischen Reiter", Glasfenster, die wegen ihrer Abstraktheit bereits bei der ersten öffentlichen Präsentation 1954 für Diskussions- und Zündstoff sorgten. *Di–Sa 11–17, So 14–17 Uhr | Eintritt 3 Euro | Marktplatz*

TÜRMCHEN – DAS WITTLICHER HISTÖRCHEN
In dem winzigen Gebäude, dem einzigen, das von der Stadtbefestigung aus dem Jahr 1317 erhalten geblieben ist, erfahren Sie einiges über die mehr als 2000-jährige Geschichte des Orts. Den Schlüssel gibt's beim Kulturamt. *Di–Sa 11–17, So 14–17 Uhr | Eintritt 1 Euro | Burgstraße*

ESSEN & TRINKEN
WALDHOTEL SONNORA
Das Waldhotel Sonnora musste mit dem plötzlichen Tod seines legendären Chefs Helmut Thieltges 2017 einen herben Schlag verkraften. Doch auch dank des neuen Küchenchefs Clemens Rambichler hat das Haus es 2018 wieder auf drei Sterne im Guide Michelin gebracht. Stilvoll schlafen nach dem Gourmetmenü können Sie hier ebenfalls. *20 Zi. | Hotel Mo/Di geschl. | Restaurant Mi–So 19–20.30, So auch 12–13.30 Uhr | Auf'm Eichelfeld 1 | Dreis | 8 km vom Zentrum | Tel. 06578 4 06 u. 9 82 20 | www.hotelsonnora.de | €€€*

FREIZEIT & SPORT
Wunderbar für Radler: Wittlich liegt direkt am *Maare-Mosel-Radweg (www.maare-moselradweg.de)* auf einer ehemaligen Bahntrasse, am Radweg „Wittlicher Senke" sowie am Salm-Radweg. Für Wanderer: Der Eifelsteig verläuft gleich nebenan, auf dem Lieserpfad liegt es auch und – das Schwein verpflichtet – die zweitägige, 41 km lange „Säubrennerroute" sollten Schweinefreunde natürlich ebenfalls abklappern.

ÜBERNACHTEN
LA ROSERAIE
Im eleganten Herrenhaus mit nostalgischem Flair und wunderschönem Garten können Sie wie das alte Großbürgertum nächtigen. Frühstück gibt's ebenso stilvoll in der hauseigenen Bibliothek oder im Wintergarten. *3 Zi. | Trierer Landstr. 7 | Tel. 06571 37 54 | www.laroseraie-forsthaus.de | €*

AUSKUNFT
MOSELEIFEL-TOURISTIK
Marktplatz 5 | 54516 Wittlich | Tel. 06571 40 86 | www.moseleifel.de

LOW BUDG€T

Vom Eifelkrimi-Guru Jacques Berndorf empfohlen: Eifeler Küche zum kleinen Preis gibt es im *Landgasthof Schröder (Mo/Di geschl. | Kerpener Str. 7 | Tel. 02696 10 48)* in Üxheim/Niederehe.

Wer mehr wissen will über Bienen und Honig: Die Imkerei Körsten in Neroth bietet kostenlose Führungen an. Infos und Anmeldung bei *Thomas Körsten (Heltenbergstr. 2 | Neroth | Tel. 06591 77 37 u. 30 63 | www.eifelimker.de).*

Bild: Monreal

OSTEIFEL

„Rasen ist out!" steht auf Warntafeln rund um die legendäre Rennstrecke Nürburgring. Doch daran stört sich keiner. Seien Sie also vorsichtig, wenn Sie in die nähere Umgebung kommen, oder rasen Sie mit (aber auf der Strecke selbst).
Oder bleiben Sie weit weg und schauen sich stattdessen Weltberühmtheiten wie die Burg Eltz und das Kloster Maria Laach an, wo Sie um den größten Vulkansee der Eifel herumspazieren können. Mehr Ruhe und weniger Andrang finden Sie in Bilderbuchorten wie Monreal und Münstermaifeld. Den Hochaltar mit der Genovevasage inklusive gevierteiltem Golo in Fraukirch sollten Sie auch keinesfalls verpassen. Im Schatten des Golo-Turms der Genovevaburg können Sie im Anschluss auf dem Mayener Marktplatz etwas trinken und herausfinden, wer der berühmteste Bürger ist.

MAYEN

KARTE IM HINTEREN UMSCHLAG
(125 F2) *(M K7)* **Mayen liegt im Tal der Nette und am Fuß des Vulkans Hochsimmer. Der Ort (19 000 Ew.) wird überragt von der Genovevaburg und bietet das Flair einer alten Eifelstadt.**
Steinreich ist Mayen, weil die Einwohner es schon seit Jahrtausenden verstehen, von den längst erkalteten Ergüssen der Vulkane zu leben. Der Abbau von Basalt, Tuff, Bims und Schiefer hat Mayen wohlhabend gemacht. Im frühen Mittelalter wurden Mühlsteine aus Mayener Lava

Im Rausch der Motoren: Am Nürburgring geht es temporeich zu – in der übrigen Osteifel beschaulich

bis nach Schottland und an die Ostsee gehandelt. Die Mayener gelten als pfiffig. Man erzählt gern, wie sie die Truppen Ludwigs XIV. übertölpelten. Als diese die Stadt belagerten, lupften die Mayener Frauen auf der Stadtmauer ihre Röcke. Die Franzosen waren so verwirrt, dass den Männern der Ausbruch gelang. Etwas durcheinander waren auch die Bauherren des Kirchturms von St. Clemens. Sehen Sie selbst! Und werfen Sie auch einen Blick auf die Stadtmauer aus dunklem Basalt mit dem imposanten Obertor.

SEHENSWERTES

GENOVEVABURG

Zur Burg hoch nehmen Sie am besten den Mario-Adorf-Burgweg vorbei an der Mario-Adorf-Hinweistafel und dem „Mayener Jung", der Mario-Adorf-Skulptur. Der ist nämlich nicht nur in Mayen aufgewachsen und Ehrenbürger der Stadt, sondern auch Pate der alljährlichen Festspiele. Die Burg selbst wurde um 1280 erbaut. Benannt ist sie nach Genoveva, der Gattin des Grafen Siegfried,

MAYEN

die durch die Nachstellungen von dessen Statthalter Golo eine Menge Probleme bekam. So wie der Schurke heißt auch der 34 m hohe Burgturm. Den können Sie hochklettern (uff!). Unterwegs stoßen Sie auf ein Verlies. Bei dem darin verstaubenden Ritter handelt es sich nicht um Golo. „Leider aber, daß die Weide an vielen Orten so kläglich ausfällt, daß die tere Stollensystem eines Luftschutzbunkers aus dem Zweiten Weltkrieg laufen und dabei etliches über Schiefer sowie Leben und Arbeit der Schieferbergleute erfahren. Ein Highlight ist die simulierte Lorenfahrt. *Sa–Do 10–17 Uhr (in den Ferien von RLP u. NRW auch Fr) | Eintritt Museum und Bergwerk jew. 6 Euro, Kombiticket 9 Euro | www.mayen.de*

Die barocke Vorderseite der Genovevaburg, dahinter der „Goloturm" des gotischen Burgteils

Kühe und Rinder nicht selten darauf zusammenfallen, und auf einer Leiter, wie auf einem Trauergerüste, ausgestreckt, nach Hause getragen werden müssen!" Dieses Zitat von 1836 finden Sie an der Wand des im Burginnern untergebrachten *Eifelmuseums*. Über das nicht nur für Tiere einst harte Leben in der Eifel und deren Geschichte können Sie hier eine Menge lernen.

Danach geht's abwärts: Treppen runtersteigen (oder den Lift nehmen), Helm aufsetzen und ab ins 🟠 *Deutsche Schieferbergwerk*. 16 m unter der Genovevaburg (selber Eingang) können Sie durch das 340 m lange verschlungene und düs-

MARKTPLATZ

Dank einer weisen Entscheidung der Stadtväter dürfen über den Platz am Fuß der Burg keine Autos fahren. Schmuckstück ist das 1717/18 gebaute alte Rathaus mit seiner Barockfassade. Direkt nebenan liegt die *Pfarrkirche St. Clemens*. Wegen eines Konstruktionsfehlers ist der spitze Turmhelm des gotischen Gotteshauses spiralförmig verdreht.

TERRA VULCANIA

Am Rand des Mayener Grubenfelds befindet sich diese Station des Vulkanparks Osteifel. In der Ausstellung „Steinzeiten" dreht sich alles um die Geschichte des

OSTEIFEL

7000-jährigen Basaltabbaus. *April–Okt. Di–So 10–17 Uhr (in den Ferien von RLP u. NRW auch Mo) | Eintritt 6 Euro | An den Mühlsteinen 7 | www.terra-vulcania.de*

ESSEN & TRINKEN

IM RÖMER
Die in der Innenstadt gelegene altdeutsche Bier- und Weinstube bietet täglich wechselnde gutbürgerliche Küche. *Mo geschl. | Marktstr. 46 | Tel. 02651 23 15 | www.im-roemer.de | €–€€*

W GOURMET
Feinschmeckerlokal mit saisonal geprägter internationaler Küche – die Menüs nach dem Motto „Bodenständiges neben Extravagantem" sind ein Hammer! – und beachtlicher Weinkarte. *Mi–Sa ab 17.30, So ab 12 Uhr | Am Markt 10 | Tel. 02651 4 97 70 | www.wgourmet.de | €€€*

AM ABEND

BURGFESTSPIELE
Im Innenhof der Genovevaburg werden von Ende Mai bis August Musik- und Theaterstücke (auch für Kinder) aufgeführt. Die Festspiele sind weit über die Stadtgrenzen hinaus bekannt und beliebt – rechtzeitig reservieren! *www.burgfestspiele-mayen.de*

ÜBERNACHTEN

PARKHOTEL AM SCHLOSS
Das 4-Sterne-Hotel mit leicht angestaubtem Charme liegt 7 km nördlich von Mayen am Nettebach in einem parkähnlichen Garten. Hier haben Sie richtig Ruhe. Lecker: Im Restaurant (€€–€€€) gibt's Steak vom heißen Stein. *18 Zi. | Im Nettetal 1 | Ettringen | Tel. 02651 4 94 00 | www.parkhotel-am-schloss.de | €€*

AUSKUNFT

TOURIST-INFORMATION
Altes Rathaus | 56727 Mayen | Tel. 02651 90 30 04 | www.mayen.de

ZIELE IN DER UMGEBUNG

INSIDER TIPP FRAUKIRCH
(126 B3–4) (Ø L6–7)
Ist die Genovevasage nun ein Märchen? In der Fraukirch (6 km nordöstlich von Mayen) kommen Sie garantiert ins Grübeln. Die romantisch gelegene Wallfahrtskirche aus dem 13. Jh., eine der ältesten in der Eifel, wurde der Legende nach von Graf Siegfried zum Dank für die Errettung seiner Gattin durch die Gottesmutter Maria erbaut. Im Innern stoßen Sie auf eine Grabplatte mit der Darstellung eines Ritters und seiner Frau, bei denen es sich um Siegfried und Genoveva handeln soll. Daneben steht das Golokreuz, benannt nach Siegfrieds schurki-

---

MARCO POLO HIGHLIGHTS

★ **Burg Eltz**
Die bekannteste Burg Deutschlands → S. 79

★ **Maria Laach**
Eine ganz besondere romanische Kirche → S. 74

★ **Monreal**
Einzigartiges Fachwerkstädtchen an der Elz → S. 75

★ **Schloss Bürresheim**
Das Schloss zeigt adelige Lebenspracht in der Eifel → S. 77

★ **Münstermaifeld**
Bilderbuchort mit seltsamem Museum → S. 77

MAYEN

schem Statthalter. Auf dem Altaraufsatz von 1664 sind die Highlights der Genovevasage zu sehen, darunter auch die Vierteilung des bösen Golo. Und in einer Wandnische gibt es ein Kästchen mit der Aufschrift „Schrein mit Knochenfragmenten einer weiblichen Person" – angeblich von Genoveva. Also doch kein Märchen? Wenn Sie sich genug den Kopf darüber zerbrochen haben, kehren Sie nebenan im *Fraukircher Hof* ein. Hier können Sie Ihre Verwirrung im Biergarten bei einem halben Liter Bit zum sagenhaften Preis von 1,80 Euro vergessen.

HOHE ACHT (125 D2) (*H6*)
Ziemlich übertrieben wird der Berg manchmal auch das Matterhorn der Eifel genannt. Aber immerhin kann man vom *Kaiser-Wilhelm-Aussichtsturm* auf der Hohen Acht, mit 747 m der höchste Eifelgipfel, bei gutem Wetter sogar die Türme des Kölner Doms sehen. Vom Wanderparkplatz (22 km nordöstlich von Mayen) aus dauert der Aufstieg etwa 20 Minuten. Er führt an Basaltsäulen und -blöcken vorbei. Über dem Turmeingang kämpft ein bronzener Siegfried mit dem Drachen. Das Gebiet um die Hohe Acht ist ein beliebtes Wintersportziel.

LAACHER SEE (126 A2–3) (*K–L6*)
Rund um den See selbst führen zwei Wanderwege. Leicht zu machen ist die 8 km lange Tour am Ufer entlang. Die zweite Route in der *Vulkanregion Laacher See* verläuft als Höhenweg (14 km) mit tollen Ausblicken auf den See. Start ist jeweils der Parkplatz gegenüber dem Kloster. Am Beginn des Uferwanderwegs verleihen die Mönche der Abtei Maria Laach Boote *(April–Sept. 9–18 Uhr | 6 Euro/30 Min.)*. Auf dem 53 km langen Wanderweg „Eifelleiter" geht's vom Rheintal durchs Brohltal hinauf zur Hohen Acht, vorbei an Maaren und Vulkankegeln. Die Rundwanderwege „Traumpfade" führen Sie durch besonders schöne und naturbelassene Landschaften, wie etwa der Höhlen- und Schluchtenpfad (12 km, von Andernach-Kell) oder der Pellenzer Seepfad (16 km, von Nickenich). Nett: Für weniger geübte Wandersleute bietet die Vulkanregion Laacher See kurze „Traumpfädchen". www.vulkanregion-laacher-see.de

MARIA LAACH ★ (126 A3) (*K–L6*)
Wenn Sie auf den riesigen gebührenpflichtigen Parkplatz fahren und Böses ahnen, liegen Sie richtig. Am Laacher See im „Garten Gottes" (12 km nordöstlich von Mayen), wie die Benediktiner ihr Zuhause gern bezeichnen, herrscht meist Höllenbetrieb. Andererseits ist es ja schön, dass es noch boomende Klöster gibt. Die umtriebigen Mönche haben ein florierendes Unternehmen geschaffen, das jährlich mehr als eine Million Besucher anzieht. So stürzt sich der Großteil der Touristenhorden auf die Klostergärtnerei, die Buch- und Kunsthandlung, die Klostergaststätte sowie den Laden des klostereigenen Bioland-Hofs.

In der Kirche selbst geht es ruhiger zu. Die gilt als berühmtestes Bauwerk der Eifel und ein prächtiges Paradebeispiel für die deutsche Romanik. Gestiftet hat sie 1093 Pfalzgraf Heinrich II. Zum Dank dafür hat man ihn hier zur ewigen Ruhe gebettet. Fast noch sehenswerter als das Innere ist die „Paradies" genannte Vorhalle aus dem 13. Jh. Mit ihren offenen Arkaden und dem Löwenbrunnen in der Mitte sieht sie beinahe aus wie eine romanische Version der Alhambra. Auf ihrem Außenportal tummeln sich kuriose Fabelwesen wie das Teufelchen, das sich Ihre Sünden beim Betreten der Basilika auf einer Pergamentrolle notiert, oder die „Haarraufer". *Tgl. 5–20 Uhr | www.maria-laach.de*

OSTEIFEL

Zum romanischen Kloster Maria Laach gehört auch eine umfangreiche Staudengärtnerei

Stilvoll schlafen können Sie im ebenfalls zum Kloster gehörenden ☼ 4-Sterne-*Seehotel Maria Laach (69 Zi. | Tel. 02652 58 40 | www.seehotel-maria-laach.de | €€€)* mit großem Garten und tollem Seeblick.

MONREAL ★ ● (125 E3) (*K7*)

Monreal (900 Ew., 8 km südlich von Mayen) ist sehr schnucklig und selten überlaufen. Was vielleicht daran liegt, dass es im Ortskern kaum Parkplätze gibt. Über dem Städtchen thronen zwei Ruinen. Von der Löwen- und der Philippsburg ist zwar nicht mehr viel übrig, aber sie sind das romantische i-Tüpfelchen. Ansonsten machen hübsche Fachwerkhäuser den Charme aus, darunter das *Viergiebelhaus* aus dem Jahr 1492. Weniger putzig ist der „Schandbaum derer Wald-, Strauch- und Gartendiebe" von 1588 davor. Wenn Sie keine kriminellen Absichten haben, können Sie aber unbehelligt durch Monreal schlendern. Etwa entlang der drei Brücken über die Elz zur spätgotischen Pfarrkirche.

Oder besser noch ein Stück weiter: Das INSIDER TIPP *Café (Kirchstr. 23 | Mo/Di geschl. | www.altes-pfarrhaus-monreal.de)* im alten Pfarrhaus bietet knuffige Wohnzimmeratmosphäre und hat einen idyllischen Garten. Empfehlenswert ist auch das *Stellwerk (Am Bahnhof 5 | Mo/Di geschl. | Tel. 02651 7 77 67 | www.stellwerk-monreal.de | €€–€€€)*, eine Weinschänke mit Restaurant im alten Bahnhof am Ortsrand. Zur Abwechslung mal wirklich geschmackvolle Pötte finden Sie in der *Töpferei Alte Schule (Bahnhofstr. 5 | www.toepferei-alte-schule.de)*. Übrigens: Wenn Ihnen Monreal bekannt vorkommt, obwohl Sie zum ersten Mal da sind, haben Sie es vielleicht schon im Fernsehen gesehen: Die Krimiserie „Der Bulle und das Landei" wird hier gedreht. *www.monreal-eifel.de*

MAYEN

NÜRBURG (124 C2) (*H6*)
Es braust ein Ruf wie Donnerhall … So haben sich das die Grafen der Nürburg wohl nicht vorgestellt. Wer heute die mächtige Ruine über dem Dorf Nürburg (26 km westlich von Mayen) besucht, hört tatsächlich ein ständiges Brausen von der Rennstrecke. Die auf 678 m höchstgelegene Burganlage in Rheinland-Pfalz wurde im 12. Jh. erbaut. Die romanischen Gewölbe und die Ruinen des Bergfrieds können Sie besichtigen *(in der Regel April–Okt. Mi–Mo 10–18 Uhr | Eintritt 3 Euro | www.burgen-rlp.de)*. ☼ Für den tollen Blick von oben müssen Sie allerdings 10 Minuten Fußmarsch bergauf in Kauf nehmen.

NÜRBURGRING (124 C2) (*H6*)
Eine der weltweit bekannten Attraktionen der Eifel ist der *Nürburgring*. Neben der Grand-Prix-Strecke windet sich die legendäre Nordschleife über 20 km durch die Hügel der Eifel. Jahrzehntelang galt sie als eine der schwierigsten Grand-Prix-Strecken der Welt – weshalb der dreimalige Weltmeister Jackie Stewart den bis 1970 von Hecken gesäumten Abschnitt *Grüne Hölle* taufte.

Heute erleben rund 2 Mio. Besucher jährlich am Nürburgring über 100 Rennen und 200 weitere Veranstaltungen wie die DTM, das 24-Stunden-Rennen, den Truck Grand-Prix oder das mehrtägige „Rad und Run am Ring". Der Nürburgring bedeutet aber auch Backstagetouren (7,50 Euro), Fahrertrainings, Offroad-Touren und Fahrten im eigenen Pkw (ab 25 Euro) oder mit dem 400 PS starken Renntaxi (ab 225 Euro/Person) auf der Nordschleife.

In den letzten Jahren musste der Nürburgring so manchen Rückschlag erleiden: Finanzskandale, technische Pannen der Achterbahn ring°racer, Eigentümerwechsel und nicht zuletzt auch die Verschiebung des Rockevents „Rock am Ring" auf den Flugplatz Mendig. Das findet allerdings seit 2017 wieder hier statt. Und der Mythos Nürburgring, der z. B. auch im *Motorsport-Erlebnismuseum ring°werk* nachempfunden werden kann, lebt. Hier gibt es Siegerfahrzeuge aus der Nürburgring-Geschichte, ein 4D-Kino und ein Techniklabor. Bei schlechtem Wetter verschafft die *Indoor ring°kartbahn* Rennfahrer-Feeling. *info°center Nürburgring | Tel. 0800 2 08 32 00 | www.nuerburgring.de.*

Übernachten können Sie z. B. im *Lindner Hotel Eifeldorf Grüne Hölle (60 Zi. | Tel. 02691 3 02 50 00 | www.lindner.de | €€€)*, im *LindnerCongress & Motorsport Hotel (131 Zi. | Tel. 02691 3 02 50 00 | www.lindner.de | €€€)* oder im zugehörigen Ferienpark *(Tel. 02691 3 02 80 00 | €€–€€€)* mit 85 Ferienhäusern, wie sie in Schweden stehen könnten, mit Grillhütten und Wellnessbereich. Ebenfalls in der Pole-Position schlafen Sie in *Meggis Landgasthaus (7 Zi. | Hauptstr. 47 | Wimbach | Mobiltel. 0172 6 5162 74 | www.meggis-landgasthaus.de | €€)* in Wimbach: Die Pension liegt an der Nordschleife der Grünen Hölle.

SAFFIG (126 C3) (*M6*)
18 km östlich von Mayen liegt das *Infozentrum Rauschermühle* im *Vulkanpark Osteifel (Mitte März–Okt. Di–So 9–17, Nov.–März Di–So 11–16 Uhr | Eintritt 3,50 Euro | www.vulkanpark.com)*. Attraktion des Rauscherparks sind vier Autorouten zu vulkanischen Sehenswürdigkeiten. Ein Wanderweg führt durch den Park nach *Kretz* (126 B3) (*L6*) zu einem Steinbruch, in dem schon die Römer Tuffstein abbauten. Unter einem futuristischen Glasdach ist das *Römerbergwerk Meurin (Mitte März–Okt. Di–So 9–17 Uhr | Eintritt 4,90 Euro, Kombikarte mit Infozentrum 7,10 Euro)* zugänglich.

OSTEIFEL

Mercedes gibt's auch in Rosa: zumindest bei der DTM auf dem Nürburgring

SCHLOSS BÜRRESHEIM ★ ●
(125 F2) (ℳ J–K6)
Im Nettetal liegt eines der schönsten Schlösser der Eifel. Die erstmals 1157 erwähnte Burg wurde im 17. Jh. zum Schloss ausgebaut. In dem vieltürmigen Schlösschen mit barockem Terrassengarten wird sichtbar, wie der Adel vom 12. bis 17. Jh. lebte. *Besichtigung nur mit Führung Mitte März–Okt. tgl. 10–17.15 (letzter Einlass), Nov. u. Feb. bis Mitte März Sa/So 10–16.15 Uhr | Eintritt 5 Euro | www.burgen-rlp.de*

MÜNSTER-MAIFELD

(126 B5) (ℳ L8) ★ Sie haben's eilig und wollen unbedingt zur Burg Eltz? Verschieben Sie den Besuch auf später am Tag (dann ist da auch weniger los) und machen Sie unbedingt einen Abstecher nach Münstermaifeld (3500 Ew.).

Sie können das hübsche Städtchen gar nicht verpassen, denn die Stiftskirche mit ihren Wehrtürmen prangt weithin sichtbar über der Landschaft. Einen netten historischen Rundweg gibt es auch sowie – neben dem *Archäologischen Museum (Mi–So | 10–16.30 Uhr | Eintritt 3 Euro | Münsterplatz 6)* – noch ein sehr seltsames weiteres Museum.

SEHENSWERTES

ALTSTADT
In der Touristeninformation (oder im Infokasten davor) erhalten Sie einen ausführlichen ● Faltplan mit einem Rundgang durch die Altstadt. Vorbei an historischen Gebäuden wie dem Eulen- und dem Kanonenturm, der ehemaligen Propstei und der ehemaligen Synagoge, dem alten Rathaus aus dem 16. Jh. und

MÜNSTERMAIFELD

Türmchen, Erker, Lüster, Mauer- und Fachwerk: im Innenhof der Burg Eltz

dem Heilkräutergarten. In einer knappen Stunde sind Sie durch und haben bestimmt keine Sehenswürdigkeit verpasst. Netter Einfall: Unterwegs haben die Münstermaifelder Ruheplätzchen für die Besucher eingerichtet.

INSIDER TIPP HEIMAT- UND ERLEBNISMUSEUM

Dieses Museum ist ein echtes Unikum. Wilhelm Kirschesch hat jahrzehntelang die Einrichtung von geschlossenen Geschäften und Handwerksbetrieben in und um Münstermaifeld gesammelt und in seinem Museum originalgetreu wieder aufgebaut. Vintage-Fans kommen in der Welt des ausgehenden 19. bis zur Mitte des 20. Jhs. voll auf ihre Kosten, ob im Friseursalon im Erdgeschoss oder im Miederwaren- und Hutladen unterm Dach.

Wer danach noch nicht genug hat, den nimmt Herr Kirschesch mit auf eine Tour durch den Ort. Er geht nämlich auf seine Art gegen den Leerstand vor, hat aufgegebene Läden angemietet und ebenfalls originalgetreu eingerichtet: unter anderen eine Sattlerei, eine jüdische Metzgerei und eine Schmiede. *20. März–Okt. Mi–So 14–17 Uhr | Eintritt 5 Euro zzgl. 1,50 Euro/Person für den Stadtrundgang | Münsterplatz 4*

STIFTSKIRCHE

Nein, der Turm ist kein Hochbunker und auch kein nett verzierter Getreidesilo, auch wenn es von Weitem so aussieht. Die Ursprünge der ehemaligen Stiftskirche von Münstermaifeld gehen bis ins 6. Jh. zurück. Danach wurde immer wieder dran herumgewerkelt, sodass sich Architekturfreunden heute ein bunter Stilmix bietet. Innendrin gibt es ein kunterbuntes Grab, um das lebensgroße steinerne Trauernde herumstehen. Tipp: Am schönsten ist die Kirche mit ihrem festungsähnlichen Turm von außen anzusehen, wenn überall auf den Feldern um den Ort der Raps blüht.

ESSEN & TRINKEN

LÖFFEL'S LANDHAUS

In einem Bauernhof aus dem Jahr 1833 mit Terrasse und Garten verwendet Günter Löffel fast ausschließlich Zutaten der Regionalmarke Eifel und von Höfen aus der Umgebung. Unter dem Motto „Moderne deutsche Küche" serviert er unter anderem „Eifler Landhausschnitzel". Was das ist? Lassen Sie sich überraschen. Hat was mit Kartoffeln zu tun und gibt's keineswegs nur vom Schwein. *Mo/Di geschl. | Obertorstr. 42 | Tel. 02605 95 37 73 | www.loeffelslandhaus.de | €€–€€€*

OSTEIFEL

ÜBERNACHTEN

PYRMONTER MÜHLE (126 A5) (*K8*)
5 km westlich, am Wasserfall des Elzbachs, liegt idyllisch dieser Landgasthof unterhalb der Burg Pyrmont. Hier können Sie ganz wunderbar abschalten, denn es gibt weder Wlan noch Handyempfang. Das Restaurant bietet gehobene regionale Küche. *8 Zi. | Pyrmonter Mühle 1 | Roes | Tel. 02672 7325 | www.pyrmonter-muehle.de | €€*

AUSKUNFT

TOURIST-INFORMATION MAIFELD
Münsterplatz 6 | 56294 Münstermaifeld | Tel. 02605 9615026 | www.maifeldurlaub.de

ZIEL IN DER UMGEBUNG

BURG ELTZ ★ ☼ (126 B6) (*L8*)
Burg Eltz bei Wierschem (3 km südlich von Münstermaifeld) gilt als eine der schönsten Burgen Deutschlands, und die will jeder mal gesehen haben. Sie hat im Lauf ihrer Geschichte sämtliche Kriege unbeschadet überstanden, jetzt wird sie von Touristen gestürmt. Kommen Sie also besser nicht am Wochenende und nicht zur Ferienzeit! Oder bringen Sie starke Nerven mit. Denn auf dem Fußweg zum Gemäuer (gut 15 Minuten) herrscht meist dichtes Gedränge. Passen Sie also auf, dass Sie keiner die Böschung hinunterschubst, und versuchen Sie, den schönen Blick auf die Burg und die umgebenden Wälder im Tal des Elzbachs zu genießen. Fußfaule können auch den Shuttlebus nehmen. Auch bei Besichtigung der Innenräume tritt man sich andauernd auf die Füße. Selbst die Eigentümer Graf und Gräfin Eltz empfehlen einen Besuch ausdrücklich vor 11 oder nach 15 Uhr.

Der Grafenfamilie gehört die Vorzeigeimmobilie schon länger: Bereits 1157 trat bei der Unterzeichnung einer Schenkungsurkunde von Kaiser Barbarossa ein Rudolf von Eltz in Erscheinung. Damals war die Burg noch ein gutes Stück kleiner, im Lauf der Jahrhunderte kamen zahllose An- und Ausbauten dazu. War auch nötig: Zeitweise sollen hier bis zu 100 Leute gewohnt haben. Und die haben es sich richtig schön gemacht, wie Sie bei der Führung durch die teils reich bemalten Räume, den prachtvollen Rittersaal oder die „Rodenbacher Küche" aus dem 15. Jh. feststellen können. Ein Werk von Lucas Cranach d. Ä. hängt auch an der Wand. Nur beim Besuch der Schatzkammer stellt sich die Frage, ob eines der Ausstellungstücke der in der Burg angesiedelten Gastronomie nicht schadet. Das Trinkgefäß aus dem Jahr 1557 heißt: „Die Völlerei von der Trunksucht befördert". *Führungen April–1. Nov. tgl. 9.30–17.30 Uhr | Eintritt 10 Euro | www.burg-eltz.de*

LOW BUDG€T

In den Zügen der auch als Vulkan-Express bekannten *Brohltalbahn* dürfen Sie Ihr Fahrrad kostenlos mitnehmen. Die Tickets für die zwischen Brohl und Engeln verlaufende Strecke durch die Vulkanregion Laacher See sind auch nicht teuer. *www.vulkan-express.de*

Im idyllischen Künstlerdörfchen Mörz (3 km östlich von Münstermaifeld) können Sie Malern, Bildhauern und Töpfern bei der Arbeit über die Schulter schauen. Auch ein bekannter Musiker stammt von hier: Bernd Weidung. Sein Künstlername lautet Thomas Anders. *www.mm-moerz.de*

AHRTAL

Ein mildes Klima mit viel Sonne und wenig Regen – auch das ist ein Stück Eifel. Das Ahrtal von Altenahr bis Bad Neuenahr-Ahrweiler zieht Naturliebhaber, Weinfreunde, Feinschmecker und Kurgäste an.

Die Ahr ist ein kleines, feines Weinbaugebiet. Vor allem Rotweine gedeihen an den Steilhängen über dem Fluss. Hier bildet sich ein mediterranes Kleinklima, weshalb Ahrweine – insbesondere die Spätburgunder – es durchaus mit den bekannten französischen Lagen aufnehmen. Am eindrucksvollsten lässt sich die Region auf dem Ahr-Radweg oder dem Rotweinwanderweg erleben. Die Route führt über 35 km von den schönsten Aussichtspunkten zu idyllischen Winzerdörfern.

BAD NEUENAHR-AHRWEILER

KARTE IM HINTEREN UMSCHLAG

(121 D–E 4–5) (*J4*) **Die Doppelstadt im mittleren Ahrtal (28000 Ew.) vereint zwei ungleiche Geschwister: das mittelalterlich geprägte Ahrweiler und das recht mondäne Bad Neuenahr.** Der Kurort ist erst 1875 aus drei Dörfern entstanden. Ein Winzer hatte damals in seinem Weinberg warme Mineralquellen entdeckt und deren Potenzial erkannt. Benannt wurde das Bad nach der Neuenahrer Burg. Um 1200 vom Grafen von

Bild: Blick auf Mayschoß im Ahrtal

Wo der Rotwein fließt:
Wildromantische Felsen, Ruinen und Weinberge locken ins Ahrtal

Nuenare errichtet, wurde die Burg im 14. Jh. vollständig zerstört und geriet in Vergessenheit – bis sie Jahrhunderte später das zugkräftige Etikett lieferte. Das 36 Grad warme Wasser der Willibrordusquelle hilft bei Diabetes sowie Darm-, Leber-, Gallen- und Nierenleiden. Probieren können Sie das Heilwasser in der Trinkhalle im Kurgarten. Das Wasser der Apollinarisquelle wird unter dem Etikett „Queen of Table Waters" weltweit vermarktet. Rund um die Heilquellen hat sich das Kurviertel angesiedelt.

Ein ganz anderes Bild bietet *Ahrweiler*. Der mittelalterliche Mauerring umschließt Fachwerkhäuser, in denen sich Boutiquen und Weinstuben eingerichtet haben. Sehenswert sind das *Wolffsche Haus* mit seinem reich verzierten Erker und der *Blanckartshof* von 1680, in dessen Scheuer sich heute ein Kunstatelier befindet. Der *Marktplatz* prägt das Stadtbild wie die Kirche *St. Laurentius* und das alte *Rathaus,* ein Spätrokokobau von 1778. Wer Ahrweiler und Bad Neuenahr auf einen Blick sehen will, sollte auf den

BAD NEUENAHR-AHRWEILER

☼ *Calvarienberg* hinaufgehen, auf dem früher Verbrecher hingerichtet wurden.

SEHENSWERTES

REGIERUNGSBUNKER ★
Hinter einer atombombensicheren Eisentür befindet sich der ehemals geheimste Ort der Bundesrepublik: Der gewaltige Regierungsbunker (gebaut 1960–72) im Ahrtal ist ein sonderbares Stück deutscher Geschichte. Versteckt unter den Weinbergen, hätte er im Fall eines atomaren, biologischen oder chemischen Angriffs 3000 Menschen für 30 Tage das Überleben gesichert. Zum Kreis der Privilegierten zählte die gesamte Staatsspitze der Bundesrepublik; wer wären wohl die weiteren gewesen? 2008 wurde ein 200 m langes Teilstück als Museum und Dokumentationsstätte der Öffentlichkeit zugänglich gemacht. Zu sehen sind u. a. das Besprechungszimmer des Bundespräsidenten und die Krankenstation. Tipp: warm anziehen, die Temperatur 60 m unter dem Ahrgebirge liegt bei 12 Grad. *Am Silberberg 0 | Bad Neuenahr-Ahrweiler | regelmäßige 90-minütige Führungen Mi u. Sa/So 10–18, letzter Einlass 16.30 Uhr | Eintritt 9 Euro | www.regbu.de*

Umgeben von Rotweinreben liegt Bad Neuenahr-Ahrweiler im Tal der Ahr

RÖMERVILLA AM SILBERBERG ★
1980 stießen die Bagger beim Ausbau der B 267 auf eine archäologische Sensation: ein römisches Herrenhaus aus dem 1. Jh. Die sehr gut erhaltene Villa wird oft mit den Ausgrabungen von Pompeji verglichen. *Ende März–Nov. Di–So 10–17 Uhr | Eintritt 6 Euro | Am Silberberg 1*

STADTMAUER AHRWEILER
Eine Rarität, die das Mittelalter lebendig werden lässt, ist die bis heute noch vollständig erhaltene Mauer. Der Bau (angelegt 1250) umschließt den Ortskern auf einer Länge von 1,8 km, an einigen Stel-

AHRTAL

len wird er von einem begehbaren Wehrgang bekrönt. Vier Stadttore gewähren wie damals Einlass in die Altstadt.

ESSEN & TRINKEN

INSIDER TIPP WEINSTUBE STEINFELD

Der Expertise der ehemaligen Weinkönigin „Burgundia" können Sie vertrauen. Die Speisekarte ist von kleineren, saisonalen Gerichten mit regionalen Zutaten geprägt: Den warmen Ziegenkäse im Speckmantel müssen Sie unbedingt probieren. *So/Mo und mittags geschl. | Oberhutstr. 31 | Tel. 02641 9 18 13 31 | www.weinstube-steinfeld.de | €*

WINZERHOF KÖRTGEN

Eifeler Spezialitäten, Sekt und Wein aus eigener Herstellung im lauschigen Hof oder in der Straußenwirtschaft genießen. Chef Christoph Körtgen greift gelegentlich in die Klaviertasten. Die Tastatur findet sich auch auf den Etiketten seines „Pianot noir" wieder. *3 Fwg. für je 4–6 Pers. | Oberhutstr. 16 | Ahrweiler | Tel. 02641 3 71 13 | www.koertgens.de | €*

EINKAUFEN

GREGOR LERSCH

Das Who is who der Blumenwelt schaut sich die neuesten floralen Trends beim Meisterfloristen an. Sogar das Weiße Haus und der Sultan von Oman schicken ihre Dekoexperten. Auch die (Fach-)Bücher des Blütenkünstlers lassen sich käuflich erwerben. *Telegrafenstr. 9 | www.gregorlersch.de*

FREIZEIT & SPORT

AHRSTEIG

Zu Fuß von der Ahrquelle in Blankenheim bis zur Mündung bei Remagen: Der Ahrsteig führt durch eines der schönsten Flusstäler Deutschlands. Wildromantisch geht es auf rund 100 km bergauf und bergab. Mystisch: Oberhalb von Altenahr blicken Sie durch das ☼ *Teufelsloch* ins Ahrtal. Hier soll der Teufel seine Großmutter durch die Felswand zurück in die Hölle geschleudert haben. *www.ahrsteig.de*

AHRTHERMEN ●

Lust auf Planschen im Ufo? Die Ahrtermen samt Innen- und Außenpool, Thermalbecken, Saunalandschaft und Solarien sehen zumindest so aus. Erfrischend anders! *So–Do 9–22, Fr/Sa 9–23 Uhr | Eintritt 11 Euro für 2 Std., 17 Euro für die Tageskarte | Felix-Rütten-Str. 3 | www.ahrthermen.de*

NORDIC WALKING

Der Nordic Fitness Park im Ahrtal ist mit 14 verschiedenen Parcours auf rund 1000 km gut ausgeschilderten Strecken

---

MARCO POLO HIGHLIGHTS

★ **St. Peter**
In Sinzig können Sie eine echte Mumie entdecken – garantiert nicht ägyptisch! → S. 85

★ **Regierungsbunker**
Tief unter den Weinbergen der Ahr versteckte die Bundesregierung fast 40 Jahre lang ein Geheimnis → S. 82

★ **Römervilla am Silberberg**
Die Villa in Bad Neuenahr-Ahrweiler wird mit Funden in Pompeji verglichen → S. 82

★ **Sanct Peter**
Das älteste Weingut an der Ahr lockt die Feinschmecker nach Walporzheim → S. 85

BAD NEUENAHR-AHRWEILER

das größte Angebot seiner Art in Europa. *Infos: www.nordic-fitness-park.com*

INSIDER TIPP ▶ WALDKLETTERPARK
Über 80 Kletterherausforderungen inklusive einer 450 m langen Seilbahn sorgen für jede Menge Adrenalin. Vom Kinder- bis zum Xtreme-Parcours, von der Seil-

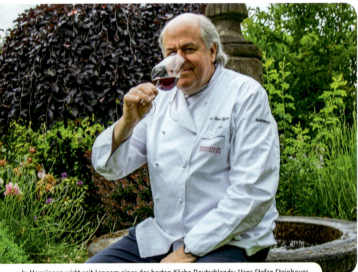

In Heppingen wirkt seit Langem einer der besten Köche Deutschlands: Hans Stefan Steinheuer

bahnfahrt mit einem Wakeboard bis zu Tarzansprüngen ist alles dabei. *21. März–1. Nov. Fr–So ab 10 Uhr (letzte Einweisung 18 Uhr bzw. 3 Std. vor der Dämmerung), in den Schulferien NRW und RLP auch Di/Mi/Do | Königsfelder Str. | Voranmeldung empfohlen: Tel. 0221 98 25 60 00 | Eintritt ab 24,95 Euro | www.wald-abenteuer.de*

AM ABEND

SPIELBANK BAD NEUENAHR
Die Zeiten von Casino Royale sind in dieser Jugendstil-Spielbank vorbei. Heute tragen nur noch die Croupiers Anzug und Krawatte. Sollten Sie Smoking und Abendkleid vergessen haben: Macht nix, Sie kommen auch im Polohemd rein. Die Mindesteinsätze beim Roulette sind problemlos zu stemmen. Zutritt ab 18 Jahren, Ausweispflicht. *Tgl. ab 14 Uhr | Eintritt 3,50 Euro | Felix-Rütten-Str. 1 | Tel. 02641 75750 | www.spielbank-bad-neuenahr.de*

ÜBERNACHTEN

HOHENZOLLERN ✻
Das Hotel liegt oberhalb der Römervilla in den Weinbergen und bietet einen schönen Ausblick. Idealer Start für den Rotweinwanderweg. *27 Zi. | Am Silberberg 50 | Tel. 02641 9730 | www.hotelhohenzollern.com | €€€*

STEIGENBERGER HOTEL BAD NEUENAHR
Wenn Sie in authentischer edler Kurbad-Nostalgie schwelgen wollen, checken Sie hier ein. Das Frühstücksbuffet ist großar-

AHRTAL

tig! *216 Zi. | Kurgartenstr. 1 | Tel. 02641 9410 | www.steigenberger.com | €€€*

AUSKUNFT

TOURIST-INFORMATION BAD NEUENAHR-AHRWEILER
Hauptstr. 80, Kurgartenstr. 13 und Blankartshof | Tel. 02641 91710 | www.ahrtal.de

ZIELE IN DER UMGEBUNG

HEPPINGEN (121 E4) (*K4*)
Gourmets zieht es nach Heppingen (900 Ew.), um bei Hans Stefan Steinheuer in *Steinheuers Restaurant (Di/Mi geschl. | Landskroner Str. 110 | Tel. 02641 94860 | www.steinheuers.de | €€€)* zu schlemmen, einem der besten Restaurants in Deutschland. Preiswertere, aber genauso kreative Regionalküche bieten die *Poststuben* (€€€) im selben Haus. Wer bleiben möchte: Es gibt auch 6 Zimmer und 4 Suiten.

SINZIG (121 F4) (*K4*)
In der Kirche ★ *St. Peter* in Sinzig (18000 Ew., 11 km östlich von Bad Neuenahr) gibt es etwas Gruseliges zu sehen. Der „Heilige Vogt von Sinzig" wurde 1691 beigesetzt. Der unverweste Leichnam schaffte es unter Napoleon als Kriegsbeute bis in den Louvre und ist erst seit 1815 wieder zu Hause. Dort wurde er bei Umzügen durchs Dorf geschleppt und als Streich vor Haustüren abgestellt. Heute hat er endlich eine würdige letzte Ruhestätte gefunden. Nehmen Sie eine Taschenlampe mit, wenn Sie die auch „Ledermännchen" genannte Mumie sehen wollen. *Tgl. 9–18 Uhr | Kirchplatz*

WALPORZHEIM (121 D5) (*J4*)
Das Tor zum Ahrtal wird Walporzheim (700 Ew., 2 km westlich von Ahrweiler) genannt, weil es am Beginn des tief in die Felsen eingeschnittenen Steilabschnitts liegt. Hier befindet sich das Gourmetrestaurant ★ *Sanct Peter (Do geschl. | Walporzheimer Str. 134 | Tel. 02641 97750 | www.sanct-peter.de | €€€)*, das Feinschmecker von weither anzieht. Dem Haus angeschlossen ist das älteste Weingut der Ahr.

Weine der hiesigen Lagen können Sie in der modernen *Weinmanufaktur Walporzheim (Walporzheimer Str. 173)* probieren und auch kaufen.

Zwischen Walporzheim und Dernau befindet sich die **INSIDER TIPP** *Bunte Kuh*, ein Felsvorsprung, der die Bundesstraße überragt. Angeblich sieht der Felsen von Weitem einem Tierkopf ähnlich. Einer Sage nach hatte ein Mädchen gewettet, sie könne den Felsen besteigen, um ihre Strümpfe zu wechseln und eine Flasche Wein zu leeren. Sie gewann die Wette und erhielt dafür eine bunte Kuh.

LOW BUDGET

Ahr-Rotweine kaufen Sie am besten direkt beim Winzer oder bei den Winzergenossenschaften. Meist kann man den Einkauf mit einer Kellerführung und einer Weinprobe verbinden.

Klassische Musik, Swing, Jazz oder Chorkonzerte – vom Frühjahr bis zum Herbst präsentiert die Veranstaltungsreihe „Konzert im Park" Musikgenuss auf höchstem Niveau. Die Veranstaltungen finden in der Konzerthalle – bei schönem Wetter in der offenen Konzertmuschel – im Kurpark Bad Neuenahr statt. Der Eintritt je Konzert kostet nur 5 Euro. *www.das-heilbad.de*

MAYSCHOSS

Einladend und gemütlich: die Gutsschänke des Weinguts Meyer-Näkel in Dernau

MAYSCHOSS

(121 D5) *(H4)* **Hier dreht sich so gut wie alles um den – im Ahrtal überwiegend roten – Rebensaft.**
Berühmt ist Mayschoß (1000 Ew.) für seine Winzergenossenschaft, die regelmäßig Preise einheimst und deren eindrucksvolle Keller Sie sich anschauen sollten. Stilvoll dinieren und nächtigen können Sie im Ort auch.

SEHENSWERTES

SAFFENBURG
Viel ist von der ältesten Burg des Ahrtals, deren Ursprünge bis ins 12. Jh. zurückreichen, nicht übrig. Aber der Blick über Tal und Weinterrassen ist phänomenal.

ST. NIKOLAUS UND ROCHUS
In der Pfarrkirche liegt das Grabmal von Katharina von der Mark (ca. 1620–45), der einstigen Herrin der Saffenburg. Die Dame hat eine echte Karriere hingelegt: Der Graf von der Mark heiratete in dritter Ehe die uneheliche Tochter einer Magd und erreichte sogar, dass die unstandesgemäße Verbindung vom Papst legitimiert wurde. Nachdem sie ihm vier Kinder geboren hatte, starb Katharina im Alter von 25 Jahren. Der trauernde Gatte ließ das Ebenbild der Gemahlin in ein Hochgrab aus schwarzem Marmor meißeln. Schön und anrührend.

WINZERGENOSSENSCHAFT
„Wenn wer in Mayschoß nicht im Weinkeller war, von dem kann man sagen, der war auch nicht an der Ahr", lautet der Refrain des sogenannten Mayschoßer Kellerlieds. Stimmt, denn die Weinkeller der 1868 gegründeten ältesten Winzergenossenschaft Deutschlands sind nicht nur hübsch anzuschauen. Das, was darin reift, ist dem Gault Millau regelmäßig die eine oder andere Traube wert. Las-

AHRTAL

sen Sie sich bei der Führung bloß kein halbes Weinfass andrehen, auch wenn man Ihnen sagt, daraus könne man tolle Couchtische oder Blumentöpfe basteln! Und achten Sie beim Besuch im angeschlossenen *Winzermuseum* auf die leicht angestaubte Ahrweinköniginnen-Galerie. Pulli mitbringen, drinnen ist es kühl! Zum Abschluss dürfen Sie ein Gläschen Mayschoßer Wein kosten und das Probierglas mit nach Hause nehmen. *Mai–Okt. Mo–Fr 8–18.30, Sa/So 10–18 Uhr, Nov.–April Mo–Fr 8–18, Sa/So 10–18 Uhr | Ahrrotweinstr. 42 | Tel. 02643 93600 | www.wg-mayschoss.de*

ESSEN & TRINKEN/ÜBERNACHTEN

LOCHMÜHLE

Das Hotel-Restaurant in der schön erhaltenen Lochmühle ist einer der Spitzenbetriebe im Ahrtal. Die feine Herberge mit großem Wellnessbereich liegt mitten in den Weinbergen. Gäste legen in der Salzsauerstofftherapie und der Wüstenoase die geplagten Füße hoch und können später unter Kronleuchtern dinieren. *120 Zi. | Ahrrotweinstr. 62–68 | Tel. 02643 8080 | www.lochmuehle-hotel.com | €€–€€€*

WEINHAUS KLÄS

Das Traditionshaus verbindet gutbürgerliche mit gehobener Küche. 10 feine und moderne Gästezimmer (*€€*) gibt es auch. Und selbstverständlich stehen jede Menge Ahrweine auf der Karte. *Mo/Di geschl. | Ahr-Rotweinstr. 50 | Tel. 02643 1657 | www.weinhaus-klaes.de | €€–€€€*

ZIELE IN DER UMGEBUNG

DERNAU (121 D4) (*J4*)

Dernau (1900 Ew., 4 km nordöstlich von Mayschoß) ist eine der größten Weinbaugemeinden des Ahrtals mit vielen Straußwirtschaften. Ahraufwärts liegt die efeubewachsene Ruine des *Klosters Marienthal,* in der sich heute ein renommiertes Weingut mit Ausschank befindet *(Tel. 02641 98060).* Lauschiger Übernachtungstipp: Das **INSIDERTIPP** Gästehaus *Im Burggarten (4 Apt. | Burgstr. 6/12 | Tel. 02643 7984 | www.kreuzberg-burggarten.de | €€)* erinnert ein wenig an ein provenzalisches Landhaus.

Der Aufstieg vom belächelten Bonner Regierungstropfen zum Spitzenrotwein wird immer mit seinem Namen verbunden sein: Werner Näkel. *Weingut Meyer-Näkel | Vinothek und Weinverkauf Mo–Fr 9–12, 14–17, Sa 11–16 Uhr | Weinprobe nach Anmeldung: Tel. 02643 1628 | Friedenstr. 15 | www.meyer-naekel.de*

KIRCHSAHR (120 C5) (*G4*)

In einem der schönsten Seitentäler der Ahr, dem Sahrbachtal, liegt das Dörfchen Kirchsahr (400 Ew., 14 km westlich von Mayschoß). Seine Kirche ist winzig, beherbergt aber eines der bedeutendsten Kunstwerke der Eifel: den *Kölner Passionsaltar*. In 19 Bildern zeigt er das Leben Christi *(Besucheranfragen bei Irene Mahlberg: Tel. 02643 903504 | www.kirchsahr.de).*

RECH (121 D5) (*J5*)

Die steinerne Brücke von Rech (600 Ew., 2,5 km südöstlich von Mayschoß) mit der Figur des Brückenheiligen Nepomuk ist ein Wahrzeichen des Ahrtals. Im Ort finden sich romantische Winzerhöfe mit Straußwirtschaften wie den *Winzerhof Bärenbach (3 Zi., 1 Apt. | Straußwirtschaft nur Sa/So | Bärenbachstr. 15 | Tel. 02643 2072 | www.hof-baerenbach.de | €),* wo man auf Strohballen und an Tischen unter Weinranken sitzt. *www.rech-weindorf.de*

ERLEBNISTOUREN

① DIE EIFEL PERFEKT IM ÜBERBLICK

START: ① Monschau
ZIEL: ① Monschau

5 Tage
reine Fahrzeit
10,5 Stunden

Strecke: 495 km

KOSTEN: Benzin, Essen & Trinken, Übernachtungen 450 Euro/Person, Eintritte 35 Euro/Person, Schiffsrundfahrt ab 9,70 Euro
MITNEHMEN: Wanderschuhe, Badezeug

ACHTUNG: Die Tour verläuft teilweise auf schmalen, kurvigen Nebenstraßen.
Schiffsfahrplan unter www.rurseeschifffahrt.de

Die Eifeler Seenplatte im Norden, steile Weinlagen im Ahrtal, die Maare der Vulkaneifel und bewaldete Höhenzüge im Westen – mehr Landschaft und Naturerleb-

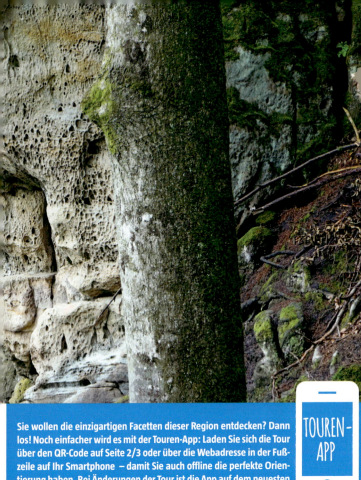

Sie wollen die einzigartigen Facetten dieser Region entdecken? Dann los! Noch einfacher wird es mit der Touren-App: Laden Sie sich die Tour über den QR-Code auf Seite 2/3 oder über die Webadresse in der Fußzeile auf Ihr Smartphone – damit Sie auch offline die perfekte Orientierung haben. Bei Änderungen der Tour ist die App auf dem neuesten Stand und weicht ggf. von den Erlebnistouren im Buch ab. In diesem Fall finden Sie in den Events & News (s. S. 2/3) die neueste Tour als PDF.

→ S. 2/3

nis in einer Region geht kaum! Die Eifel überrascht vielerorts mit spannenden Einblicken in Flora und Fauna, in die jüngere Geschichte, aber auch viele Millionen Jahre in die Vergangenheit. Kunst- und Kulturfreunde sowie Genießer regionaler Speisen kommen hier ebenso auf ihre Kosten wie Naturentdecker.

Im Tuchmacherstädtchen ❶ Monschau → S. 38 starten Sie Ihre Tour mit einem Spaziergang durch die schöne Altstadt mit dem Wahrzeichen der Stadt, dem Roten Haus. Den Besuch der historischen Senfmühle → S. 38 sollten Sie sich nicht entgehen lassen! **Sie verlassen die Stadt auf der B**

TAG 1
❶ Monschau

Bild: Im Naturpark Südeifel

19,5 km
❷ Rurberg 🚢 🍴
13 km
❸ NS-Ordensburg Vogelsang 🍴 🏛
48 km
❹ Bad Münstereifel 🍴 🛏

258 Richtung Simmerath, wo Sie der Ausschilderung zur B 266 folgen. Kurze Zeit später biegen Sie links auf die L 166 Richtung Rursee ab. Die Rurtalsperre Schwammenauel bildet mit dem Ober- und Urftsee die Eifeler Seenplatte. Abwechslung bietet eine Schiffsrundfahrt ab ❷ Rurberg, auf der Sie auch Ihren Mittagsimbiss mit Seeblick genießen können. **Dann geht es weiter auf der B 266.** Die Fahrt über den Kermeter bringt Sie durch den Nationalpark Eifel zur ehemaligen ❸ NS-Ordensburg Vogelsang → S. 40. Über das Besucherzentrum Vogelsang IP gelangen Sie zur Dauerausstellung der NS-Dokumentation sowie zur Ausstellung „Wildnis(t)räume". Am späten Nachmittag fahren Sie weiter nach ❹ Bad Münstereifel → S. 32. Checken Sie

ERLEBNISTOUREN

hier im historischen **Kurhaushotel → S. 34** ein, in dessen Restaurant Sie stilvoll und gediegen zu Abend essen.

Nachdem Sie im Kurhaushotel auch das **Heino Café → S. 34** gesehen haben, **rollen Sie den Berg hinab Richtung Altstadt.** Hier gibt es nicht nur wunderschöne Fachwerkhäuser zu sehen, sondern Sie können im **City Outlet → S. 32** auch prima shoppen. **Sie verlassen die Stadt Richtung B 51 und folgen dann der L 234, die in die L 76 übergeht, bis Kreuzberg** mit seiner gleichnamigen bewohnten Höhenburg auf dem dreieckigen Felsplateau. Schon bald blicken Sie auf die Weinberge des Ahrtals → S. 80. In **Mayschoß → S. 86** ist im Restaurant ❺ **Jägerstübchen** *(Mi, Nov.–März auch Do, Jan. ganz geschl. | Bundesstr. 1 | Tel. 026431 9 37 00 | €€–€€€)* die Ahrtalforelle besonders empfehlenswert. Auf der Weiterfahrt haben Sie die Möglichkeit, in Straußwirtschaften und Vinotheken der Winzergenossenschaften edle Tropfen zu probieren und zu erwerben, so z. B. in der modernen ❻ **Weinmanufaktur Walporzheim → S. 85. In Ahrweiler folgen Sie der Ausschilderung „Römervilla".** Vom Parkplatz sind es nur wenige Schritte, bis Ihre Zeitreise 2000 Jahre zurück im Museum ❼ **Römervilla → S. 82** beginnt. **Im 5 km entfernten** ❽ **Bad Neuenahr → S. 80** checken Sie später im **Hotel Krupp** *(46 Zi. | Poststr. 4 | Tel. 02641 94 40 | www.hotel-krupp.de | €€€)* ein. Vor dem Abendessen finden Sie in den **Ahr-Thermen → S. 83** Entspannung.

Ab Bad Neuenahr-Ahrweiler bringt Sie die A 61 in Richtung Süden nach Maria Laach. Nach dem Besuch der Benediktinerabtei ❾ **Maria Laach → S. 74 fahren Sie auf der L 113 links des Sees weiter bis zum Vulkan-Brauhaus Waldfrieden. Von hier aus sind es ca. 5 Minuten,** bis Sie den 23 m hohen ❿ **INSIDERTIPP Lydia-Turm** erreicht haben. Von dort oben liegt Ihnen der Laacher See zu Füßen; bei guter Sicht blicken Sie bis Hunsrück und Westerwald. **Zurück auf der B 262 Richtung Mayen** dringen Sie weiter in die Vulkaneifel vor. Ein Abstecher zur „Grünen Hölle", wie die Nordschleife des ⓫ **Nürburgrings → S. 76** auch genannt wird, darf natürlich nicht fehlen: Bei der „Backstage-Tour" dürfen Sie ganz nach oben aufs Siegerpodest. **Ihre Weiterfahrt führt Sie auf die B 257. Sie lassen hinter Kehlberg den Hochkehlberg,** einen von vielen noch sichtbaren ehemaligen Eifel-Vulkanen, **links liegen und erreichen in Schalkenmehren den** ⓬ **Landgasthof Michels → S. 59.** Vor dem Abendessen unternehmen Sie noch einen kurzen

91

TAG 4

42,5 km

⑬ **Wittlich**

46,5 km

⑭ **Marken-Erlebniswelt**

23 km

⑮ **Naturparkzentrum Teufelsschlucht**

9 km

⑯ **Hotel Koch-Schilt**

TAG 5

49 km

⑰ **Devonium**

18,5 km

⑱ **Prüm**

Spaziergang zum **Schalkenmehrener Maar → S. 60**, dem größten der drei Dauner Maare.

Ihre Weiterfahrt am nächsten Morgen führt Sie im großen Bogen am Weinfelder und am Gemünder Maar vorbei. **Auf Ihrer Fahrt Richtung Autobahn A 1** sehen Sie linker Hand die Manderscheider Burgen → S. 65. **Biegen Sie später auf die A 1 Richtung Saarbrücken/Trier ab und nehmen Sie die Ausfahrt 125 nach ⑬ Wittlich → S. 68**. Viele Sehenswürdigkeiten der Stadt, wie die **Alte Posthalterei** oder das **Alte Rathaus** befinden sich am historischen Marktplatz. Hier laden auch Cafés zur kleinen Auszeit ein, so das **Café am Markt** *(tgl. | Neustr. 1 | Tel. 06571 2100)*. Auf der Weiterfahrt öffnet sich die Landschaft, Sie durchfahren das Bitburger Gutland und erreichen **Bitburg → S. 44**. In der ⑭ **Marken-Erlebniswelt → S. 45** schauen Sie hinter die Kulissen der Bierproduktion. **Auf der B 257 fahren Sie weiter bis Irrel und folgen dort der Ausschilderung zum ⑮ Naturparkzentrum Teufelsschlucht → S. 48**. Hier schnüren Sie Ihre Wanderschuhe und begeben sich auf die 1,8 km lange „Audiotour", die Sie rund um diese bizarre Felsenlandschaft führt. **Zurück in Irrel** checken Sie im ⑯ **Hotel Koch-Schilt** *(38 Zi. | Prümzurlayer Str. 1 | Tel. 06525 92 50 | www.koch-schilt.de | €€€)* ein, wo Ihnen am Abend Eifeler Küche serviert wird.

In der Altstadt von Wittlich kann eine Rast auch schon mal länger dauern

Folgen Sie morgens der L 4 Richtung Neuerburg. Nein, Sie sind nicht in Bayern. Auch hier, bei Holsthum, wird Hopfen angebaut. **Sie durchfahren Neuerburg** mit seiner beeindruckenden Burganlage. In **Waxweiler** durchlaufen Sie im ⑰ **Devonium → S. 47** im wahrsten Sinne des Worts die Entstehung der Erde und des Lebens. In ⑱ **Prüm → S. 49** besichtigen Sie die **St. Salvator Basilika → S. 49** mit ihrem besonderen Reliquienschrein und wählen Ihr Mittagessen von der Tageskarte im Restaurant **Zur Alten Abtei → S. 49**. Hinter Prüm streifen Sie den Gebirgszug der Schneifel. Belgien ist nur noch einen Katzensprung entfernt. **Kurz hinter Stadtkyll kommen Sie an Kronenburg → S. 36** und dem Freizeitzentrum Kronenburger See vorbei. Über **Hellenthal → S. 39** mit der impo-

ERLEBNISTOUREN

santen Staumauer der Oleftalsperre **geht es dann zurück nach ❶ Monschau**.

76 km

❶ Monschau

❷ WANDERUNG AUF DEM ROTWEIN-WANDERWEG IM AHRTAL

START: ❶ Bahnhof Ahrweiler
ZIEL: ❿ Bahnhof Mayschoß

Strecke: ➡ 18,5 km

Schwierigkeitsgrad: leicht

1 Tag
reine Gehzeit
6 Stunden

KOSTEN: Einkehr ❻ Weingut Kloster Marienthal 30 Euro/Person, Bahnfahrt 3,65 Euro/Person
MITNEHMEN: Wanderschuhe, Regen- u. Sonnenschutz, Wasser, Rucksack

ACHTUNG: Der Wanderweg ist mit roter Traube auf weißem Grund markiert. www.rotweinwanderweg.de
Rückfahrt Mayschoß–Ahrweiler mit der Regionalbahn (RB) immer 15 Min. nach der vollen Std.; Dauer: 15 Min. Letzte Bahn: 23 Uhr

Zwischen Weinbergen und Felsen schlängelt sich der Rotweinwanderweg von Bad Bodendorf bis Altenahr 35 km lang durch die Weinberge des Ahrtals. Erwandern Sie von Ahrweiler bis Mayschoß einen besonders facettenreichen Teil des Wegs. Ein Abstieg in die Talorte zur Verkürzung oder Einkehr ist vielerorts möglich.

10:00 Ihre Wanderung beginnt am ❶ **Bahnhof Ahrweiler. Nachdem Sie über die Bahnhof- und Wilhelmstraße gegangen sind, biegen Sie rechts in die Elligstraße ein und überqueren die Bahnlinie.** Dann geht es die Straße hinauf, links in den Stummerichsweg und weiter leicht steil bergauf, bis Sie auf den „Rotweinwanderweg" stoßen, in den Sie nach links einbiegen. Der parallel verlaufende „Weinbaulehrpfad Ahrweiler" gibt in Form von Infotafeln Einblicke in das Weinbaugebiet Ahr. Bereits nach wenigen Metern erreichen Sie die ❷ **Weinbergskapelle St. Urban**. Weiter geht es vorbei an den 35 m hohen Brückenpfeilern eines nie gänzlich realisierten Bahndamms. Entlang der mit Brombeeren bewachsenen Weinbergsmauern **folgen Sie dem Weg bis zur Adenbachhütte und weiter bis zur** ❸ **Tunnel-Gedenkstätte Silberbergtunnel**, der im 2. Weltkrieg Tausenden Menschen Schutz bot. Lassen Sie den Mischwald hinter sich und genießen Sie den Blick über Ahrweiler → S. 81.

❶ Bahnhof Ahrweiler

1300 m

❷ Weinbergskapelle St. Urban

900 m

❸ Tunnel-Gedenkstätte Silberbergtunnel

In der Weinlage Pfaffenberg tragen die Rebstöcke Namenstäfelchen aus Schiefer; hier blicken Sie in den Patenschaftsweinberg der Dagernova-Weinmanufaktur. **Verpassen Sie linker Hand nicht den ausgeschilderten Abstecher zum Felsen ❹ Bunte Kuh → S. 85. Zurück auf dem Wanderweg** führt dieser durch die Walporzheimer Weinberge zum ❺ Aussichtspunkt Fischley und dann durch die Steillagen hinunter zur Klosterruine Marienthal → S. 87. Das ❻ Weingut Kloster Marienthal *(tgl. | Klosterstr. 3–5 | Tel. 02641 9 80 60 | www.weingut-kloster-marienthal.de | €€– €€€)* bietet die perfekte Kulisse für die mittägliche Rast bei Flammkuchen, Käse und einem Glas Spätburgunder.

14:00 **Danach schlängelt sich der Weg wieder hinauf in die Weinberge** oberhalb von Dernau → S. 87. Seien Sie vorsichtig beim Queren der Straße am Wanderparkplatz! Hinter der Dr.-Karl-Näkel-Hütte wird's interessant: **Auf schmalem Pfad**, vorbei an knorrigen Eichen und spitzen Felsformationen, **geht es hinauf zur ❼ Mosesquelle**. Von hier aus und auch wenige Meter später blicken Sie immer wieder auf den Weinort Rech → S. 87. **Hinter diesem geht es auf einem mit Geländer gesicherten Abschnitt weiter.** Von der ❽ Schutzhütte Korbachrast blicken Sie auf den Winzerort Mayschoß → S. 86 und auf die gegenüberliegende Ruine Saffenburg → S. 86, die älteste Befes-

ERLEBNISTOUREN

tigungsanlage der Ahr. **An einer Weggabelung** – der Rotweinwanderweg führt weiter hinauf zum Aussichtspunkt Umerich – **biegen Sie in den Ort Richtung Bahnhof ab.**

 Beeilen Sie sich nicht mit der Rückfahrt! **In der Ahrrotweinstraße 42** können Sie in der Vinothek der ❾ **Winzergenossenschaft Mayschoß-Altenahr → S. 86** die Weine verkosten, deren Lagen Sie am heutigen Tag durchwandert haben. Ihre Lieblingstropfen können Sie auch gleich kaufen. Mit gefülltem Rucksack **geht es dann schräg gegenüber zum ❿ Bahnhof Mayschoß**.

❸ ZWISCHEN FELS UND WASSER: WANDERN AUF DEM EIFELSTEIG

START: ❶ Kurpark von Daun
ZIEL: ❼ Abtei Himmerod

2 Tage
reine Gehzeit
13 Stunden

Strecke: ➡ 42 km   Schwierigkeitsgrad: ▁▂▃ mittel

KOSTEN: Essen & Trinken, Übernachtung 90 Euro/Person, Rücktransfer 22–37 Euro/Person (je nach Auslastung des Busses)
MITNEHMEN: Wanderschuhe, ggf. Wanderstöcke, Regen- u. Sonnenschutz, Picknick, Wasser, Handy für Rücktransfer

ACHTUNG: Der Wanderweg ist mit dem Eifelsteig-Logo markiert; es gibt steile Passagen! www.eifelsteig.de
Rücktransfer von der ❼ **Abtei Himmerod** mit dem Gästebus „Ritter Kunibert" bei der *Tourist-Info Manderscheid (Tel. 06 572 932 665)* bis 15 Uhr des Vortags anmelden

Der Eifelsteig führt auf 313 km von Aachen nach Trier. Wenn Sie in die „Augen der Eifel" – die Maare – blicken möchten, dann wählen Sie die Etappen der Vulkaneifel: Die zweitägige Wanderung von Daun über Manderscheid zur Abtei Himmerod führt vorbei an Maaren, durchs Liesertal und zu tollen Aussichtspunkten.

Sie beginnen den ersten Tag Ihrer Wanderung (23 km) im ❶ **Kurpark von Daun**, der vom Eifelsteig gequert wird. **Durch den Park ist es nur ein kurzer Fußweg, bis der Wanderweg zum Gemündener Maar → S. 60 aufsteigt.** Vom ❷ **Dronketurm** auf dem Mäuseberg ein Stück bergan bietet sich Ihnen ein herrlicher Blick auf diesen tiefblauen Kratersee. **Der Eifelsteig verläuft weiter am Weinfelder und am Schalkenmehrener Maar entlang und hinunter**

Ein wassergefülltes Loch in der Landschaft: das Gemündener Maar

8,5 km

❸ Üdersdorfer Mühle 🍴

6 km

🌳

❹ Urpferdchenbrücke ❗

☼

3,5 km

❺ Manderscheid 🍴 🛏

nach Schalkenmehren, dann steigt er wieder an. Falls Sie nach diesen ersten rund 12 km Hunger bekommen: Der Eifelsteig führt direkt bei Familie Niederprüm und ihrer ❸ **Üdersdorfer Mühle** *(Mi geschl. | Bei der untersten Mühle 1 | Tel. 06596 217 | www.eifelurlaub-online.de | €)* vorbei. Die nächsten 10 km sind Sie mit sich und der Natur allein – nur Felsen, Wasser, Wald und Wiesen. Die ❹ **Urpferdchenbrücke** über der Lieser erinnert an den Fund des berühmten Eckfelder Urpferds → S. 66 im Ölschiefer eines 45 Mio. Jahre alten Trockenmaars. Ein umwaldeter Felsenpfad schlängelt sich entlang sehr steiler Hänge weit oberhalb des wildromantischen Liesertals. Aussichtskanzeln und Bänke laden zum Innehalten ein. Kurz vor Ihrem Etappenziel öffnet sich dann der Blick auf die Burgen von ❺ **Manderscheid → S. 65. Folgen Sie linkerhand der Kurfürstenstraße und biegen Sie dann in die Burgstraße ein,** wo Sie in der Pension **Haus Sonneck** *(8 Zi. | Burgstr. 20 | Tel. 06572 93 36 44 | www.haus-sonneck-eifel.de | €€)* Ihr Zimmer beziehen. Den Tag lassen Sie in der **Alten Molke-**

ERLEBNISTOUREN

rei *(Mo geschl. | Grafenstr. 25 | Tel. 06572 9 31 84 85 | www. alte-molkerei-manderscheid.de | €€)* bei Familie Kowalczyk mit regionalen und polnischen Gerichten ausklingen.

Am zweiten Tag wandern Sie weiter von Manderscheid nach Himmerod (ca. 20 km). In **Utters Bäckerei** *(Kurfürstenstr. 20)* kurz vor Ihrem „Wiedereinstieg" in den Eifelsteig können Sie Ihren Picknickvorrat für die spätere Mittagspause auffüllen. Der Eifelsteig deckt sich zu Beginn mit dem Lieserpfad – steigt schmal und steil an und bietet von den Aussichtskanzeln berauschende Ausblicke über das Tal und die Burgen. Anschließend führt er über viele Kilometer auf Trampelpfaden hoch über der Lieser weiter. **Nach etwa 10 km folgen Sie dem Wegweiser zum ❻ INSIDER TIPP „Burgblick".** Ein Steg führt hier über den Hang hinaus und lässt Sie tief ins Tal blicken. Die Schutzhütte ist der ideale Platz für die Mittagsrast. **Es geht auf gleichem Weg zurück.** Nach rund 14 km haben Sie den tiefsten Punkt der Wanderung erreicht; es ist nun der Ilgenbach, der Sie begleitet. Hinter Großlittgen steigt der Eifelsteig wieder leicht an. Schließlich lichtet sich der dichte Wald, und der Weg führt mit Weitblick durch das Salmtal zur ❼ **Abtei Himmerod** → S. 66. Zum Abschluss des Tages kehren Sie in der **Klostergaststätte** *(Mo geschl. | Tel. 06575 95 13 44 | €–€€)* ein und stärken sich beispielsweise mit einem „Klosterhacksteak" und Himmeroder Abteibier.

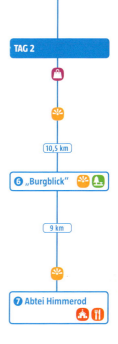

TAG 2

10,5 km

❻ „Burgblick"

9 km

❼ Abtei Himmerod

❹ ENTSPANNTE DREI-FLÜSSE-RADTOUR IN DER WESTEIFEL

START: ❶ Bahnhof Bitburg-Erdorf
ZIEL: ❽ Bahnhof Wasserbillig

Strecke:
➡ **60 km**

1 Tag
reine Fahrzeit
5 Stunden

KOSTEN: Einkehr ❻ **Gasthaus Ferring** 15 Euro/Person, Bahnfahrt 15,50 Euro/Person u. Rad
MITNEHMEN: Regen- und Sonnenschutz, Picknick

ACHTUNG: Die Radwege sind gut ausgeschildert. Es gibt unterwegs nur wenige Einkehrmöglichkeiten.
Rückfahrt Wasserbillig–Bitburg per Regionalbahn (RB): 17:08 Uhr (bzw. stdl. in diesem Takt bis 00:08 Uhr). Umsteigen in Trier. Weiter ab 17:35 Uhr (bzw. stdl. in diesem Takt). Fahrtdauer gesamt: 1:13 Std.

Sicherlich sind die Höhenzüge ein Paradies für Rennradfreunde. Aber auch als Freizeitradler kommen Sie auf den Bahntrassenradwegen auf Ihre Kosten. Und durch geschickte Kombination lässt sich sogar ordentlich „Strecke machen" – ganz entspannt auf den Radwegen entlang der Flüsse Nims, Prüm und Sauer.

10:00 Sie starten am ❶ **Bahnhof Bitburg-Erdorf**. Hier sehen Sie bereits den Radwegweiser Richtung Bitburg. **Sie überqueren die Kyll und kurz darauf unterqueren Sie die Straße und folgen dem Radwegweiser mit dem Markierungszeichen „Nims-Kyll".** Der lang gezogene Anstieg ist der anstrengendste der gesamten Tour. Nach ca. 2,4 km haben Sie's geschafft, und auf leicht hügeliger Strecke geht es über die Felder Richtung ❷ **Bitburg → S. 44**. Die Tour führt Sie **vorbei an der Römermauer, an deren Ende Sie links in das Stadtzentrum abbiegen. Folgen Sie dem Radweg** vorbei an den **Bronzestatuen** am Gaeßestrepper Brunnen, durch die Fußgängerzone zur **Pfarrkirche St. Peter** und bis zum alten Bahnhof Bitburg-Süd. **Hinter dem Gebäude geht es auf dem Bahngelände hinaus Richtung Bitburg-Messerich, wo Sie schließlich auf den Nimstal-Radweg stoßen.** Dieser führt an Maisfeldern vorbei, durch moderne Wohngebiete sowie an **INSIDER TIPP** **Skulpturen aus Eifeler Sandstein**, die 2003 im Rahmen des 1. Internationalen Bildhauer-Symposiums in Bitburg entstanden sind.

❶ Bahnhof Bitburg-Erdorf
8,5 km
❷ Bitburg
14 km
❸ Alsdorf
7 km
❹ Irreler Wasserfälle
4,5 km

Kurz hinter ❸ **Alsdorf** mit seiner schönen **Pfarrkirche** direkt an der Hauptstraße hören Sie bis Irrel die Nims neben sich rauschen. Lassen Sie das Rad rollen, es geht gemächlich bergab! **Bevor es auf dem Prüm-Radweg weitergeht, folgen Sie im Kreisel der Ausschilderung „Irreler Wasserfälle". Kurz vor dem Ortsausgang führt ein schmaler Weg links der Straße entlang der Prüm rund 1,5 km bis zu den** ❹ **Irreler Wasserfällen**, den Stromschnellen der Prüm. **Auf gleichem Weg geht es zurück und auf der gebogenen Brücke auf die andere Seite des Flusses. Halten Sie sich links und folgen Sie der Radwege-Markierung durch Irrel und ab hier dem ausgeschilderten Prümtal-Radweg.**

ERLEBNISTOUREN

In Menningen fahren Sie durch ein imposantes ❺ **Viadukt**, in **Minden** treffen Sie auf den Sauertal-Radweg. Zeit für eine stärkende Pause:

13:00 **Fahren Sie auf dem Sauertal-Radweg über die Brücke der Sauer** und legen im ❻ **Gasthaus Ferring** *(Sept.–März Di geschl. | Hauptstr. 7 | Tel. 06525 2 60 | www.gasthaus-ferring.de | €–€€)* eine Rast ein. Gestärkt geht es dann **zurück über die Brücke und weiter Richtung Ralingen.** Ihr Blick schweift hier über den breiten Flussverlauf der Sauer. Am gegenüberliegenden Ufer sind Schwäne und Fischreiher zu sehen. Dann wird es spannend: Das Tageslicht wird von der Beleuchtung des 336 m langen ❼ **Ralinger Tunnels** abgelöst, eines ehemaligen Eisenbahntunnels aus dem Jahr 1914. **Es geht weiter auf der alten Bahntrasse entlang der Sauer:** linker Hand eine Felsmauer, die ein prächtiges Efeukleid trägt, rechter Hand Wasser- und Feuchtbiotope, die dem seltenen Eisvogel oder geschützten Libellenarten Lebensraum bieten. Kurz vor Mesenich unterfahren Sie die Autobahnbrücke der A1. In **Wasserbilligerbrück** mündet die Sauer in die Mosel, und hier endet auch der Sauertal-Radweg.

16:00 Sie fahren diesen allerdings nicht bis zum Ende, sondern **biegen rechts auf der Brücke ins luxemburgische Wasserbillig ab.** Bleiben Sie auf der Grand Rue und überqueren Sie diese nach ca. 550 m zum auf der linken Seite liegenden ❽ **Bahnhof Wasserbillig**.

Unter einer gemütlichen Holzbrücke plätschert die Prüm friedlich glucksend in ihrem felsigen Bett

SPORT & WELLNESS

ANGELN

Angeln ist fast überall erlaubt. Insider handeln den Laacher See als einen der besten Hechtseen Deutschlands *(fischerei-marialaach.de)*. Zunehmend beliebt ist das Fliegenfischen. Den richtigen Wurf und das Gespür, einen Fluss zu lesen, lernen Sie zum Beispiel in der *Fliegenfischerschule Rolf Renell | www.fliegenshop.de* und bei *Willi Schmitt | www.fliegenfischerschulevulkaneifel.de*

GOLF

Die Eifel ist in den letzten Jahren zu einer gefragten Golfregion geworden. Fast alle Anlagen bieten Drives für Anfänger, Fortgeschrittene und Profis. Gleich drei Golfplätze gibt es rund um Bitburg. Der größte ist das *Golf Resort Bitburger Land (Wißmannsdorf | Tel. 06527 9 27 20)*, das zu den besten Golfplätzen Deutschlands zählt und auch über eine Golfschule verfügt. Weitere Plätze gibt es bei Baustert, Burbach, Hillesheim, Bad Münstereifel, Mechernich-Satzvey und Bad Neuenahr-Ahrweiler. Infos: *www.golf.de*

KANU

Eifel-Flüsse wie Our, Sauer, Prüm, Kyll und Elz sind bei Kanufahrern beliebt. Insbesondere die Irreler Wasserfälle, auf denen auch internationale Wettbewerbe ausgetragen werden, sind eine Herausforderung für besonders sportliche Kanuten.

Bild: Vorbereitung zur Kanutour

Angeln, Klettern oder Wandern: Zwischen Aachen und Trier gibt es genug Möglichkeiten für Action

Viel beliebter ist aber das gemütliche Gleiten, wie auf der Rur oder dem Stausee Heimbach *(www.kanu-petry.de)*. **INSIDER TIPP** Kanus für Our und Sauer können Sie in Luxemburg bei *Outdoor Freizeit (10, rue de la Sure | L-6350 Dillingen | Tel. 00352 869139 | www.outdoorfreizeit.lu)* mieten. Die Boote werden in Echternach wieder abgeholt. Einen Verleih (inkl. Transport) bietet außerdem *Familie Richard (Altschmiede, am Campingplatz | Bollendorf | Tel. 06526 375 | www.camping-altschmiede.de)*.

KLETTERN

Das Klettern ist aus Naturschutzgründen nicht überall erlaubt. In der Nordeifel sind der Effels, die Hirtzley und der Krefelder Hüttenfels zugänglich. Berechtigungskarten fürs Klettern (beschränkte Personenzahl) gibt's an der Aral-Tankstelle in Nideggen *(Servicetel. 02427 1309 | www.rureifel-tourismus.de)* und im *Nationalparktor Nideggen (Im Effels 10 | Tel. 02427 3301150)*. Bei Gerolstein ist das Klettern auf einem ehemaligen Korallenriff, der Hustley, nach Genehmigung durch das *Tourismusbüro Gerolsteiner Land (Tel. 06591 94 99 10 | www.gerolsteiner-land.de)*. Kletterkarten erhalten Sie außerdem im *Café Am Brunnenplatz (Mo geschl. | Raderstr. 7B | Gerolstein | Tel. 06591 9 49 22 55)*. Im Ahrtal bei Bad Neuenahr-Ahrweiler finden Sie einen zum Klettergarten umgebauten Brückenpfeiler *(www.seilpark.de)*. In Traben-Trarbach können Sie sich im Hochseilgarten von Wipfel zu Wipfel schwingen *(Adventure Forest | www.adventureforest.de)*.

ge ins niederländische Roermond führt. Ein Paradies für MTB-Sportler ist das 750 km lange Streckennetz des Vulkanbike Trailparks *(www.trailpark.de)*. Auch auf stillgelegten Bahntrassen können Sie radeln, etwa auf dem Vennbahnweg zwischen Aachen und Luxemburg, dem Eifel-Ardennen-Radweg oder dem Enz- und Prümtalradweg *(www.bahntrassenradeln.de)*. Wer es bequem mag, mietet sich ein Fahrrad mit Elektromotor *(www.movelo.com)*. Eine Streckenübersicht gibt das Radmagazin der *Eifel-Tourismus GmbH (s. S. 112 | www.eifel.info)*.

MOTORSPORT

Ganz nah kommen Sie dem Rennsport auf der ● Nordschleife des Nürburgrings. Der alte Rundkurs bietet 73 Kurven auf 20,8 km Länge. Jeder kann die Strecke im eigenen Auto oder auf dem Motorrad ausprobieren. Wer es etwas rasanter möchte, nimmt INSIDERTIPP als Copilot in einem Aston Martin V8 Vantage N24 oder einem BMW M5 neben einem Profirennfahrer Platz. Wer anfangen will wie Michael Schumacher, dem steht die Indoorkartbahn in der *Erlebniswelt Nürburgring* zur Verfügung. Kurse zur Verbesserung der eigenen Fahrpraxis bietet das Fahrsicherheitszentrum. Wer selbst Rennfahrer werden will, der kann bei der *Nürburgring Driving-Academy* Formel-Trainings buchen. *www.nuerburgring.de*

RADFAHREN

Das Radwegenetz der Eifel ist sehr gut ausgebaut. Besonders empfehlenswert sind der 58 km lange Maare-Mosel-Radweg *(www.maare-moselradweg.de)* auf einer ehemaligen Bahnstrecke von Daun nach Bernkastel-Kues sowie der Ruruferradweg *(www.rureifel-tourismus.de)*, der über 180 km vom belgischen Botran-

REITEN

Durch Wälder, Wiesen und vorbei an Vulkankuppen auf dem Rücken eines Pferdes – die Eifel ist eine Landschaft wie gemacht für Reiter. Ein Netz von rund 60 Wanderreitstationen unter dem Motto „Eifel zu Pferd" erleichtert die Tourenplanung. Infos: *Rolf Roßbach | Dackscheid 1 | Großkampenberg | Tel. 06559 9 30 51 | www.eifelzupferd.de*

WANDERN

Vorbei an schlafenden Vulkanen, Römerstätten und Eiszeitseen: Der *Eifelsteig (www.eifelsteig.de)* führt auf 313 km von Aachen nach Trier. Die naturbelassenen Pfade sind in 15 Einzeletappen aufgeteilt und eignen sich auch für Tages- und Wochenendwanderungen. Es gibt Tourprogramme – wer will, kann sich sogar das Gepäck transportieren lassen.

Nahe am Eifelsteig wandern Sie u. a. auf den *Vulkaneifel-Pfaden*. Als Rundwanderwege sind die sogenannten *Traumpfade* konzipiert. Im Süden laden im *Natur-WanderPark delux* 23 Rundwanderwege zum grenzenlosen Wandererlebnis ein. Weitere Informationen, auch zur Tourenplanung: *Eifel-Tourismus GmbH (s. S. 112*

SPORT & WELLNESS

| *www.eifel.info/wandern.htm*). Auf den Spuren der Jakobspilger führt der *Eifel-Camino (www.eifel-camino.de)* auf rund 160 km von Andernach bis Trier.

WELLNESS

Sich wohlfühlen – dafür sorgen in der Eifel und im Ahrtal nicht nur Massagen mit Eifel-Fango oder Traubenkernöl. Mehrere Städte in der Vulkaneifel haben sich unter dem Motto „Gesundland Vulkaneifel" den Themen Wellness, Medical Wellness und therapeutische Landschaften verschrieben. Angebote sowie „gesundheitsfördernde Ausflugstipps" sind auf *www.gesundland-vulkaneifel.de* zu finden.

Entspannung im Thermalwasser oder in der Saunalandschaft finden Sie in den *Ahr-Thermen (www.ahr-thermen.de)* in Bad Neuenahr, in der *Vulkaneifel Therme (www.vulkaneifeltherme.de)* in Bad Bertrich, im Saunadorf *Roetgen-Therme (www.roetgen-therme.de)*, in der *Eifel-Therme Zikkurat (www.eifel-therme-zikkurat.de)* in Mechernich oder in der *Thermen & Badewelt Euskirchen (www.badewelt-euskirchen.de)*.

Durchatmen können Sie auch in einer Salzgrotte, z. B. in Neroth, Simmerath oder in der Burg Satzvey. Im umgebauten Kloster Langenfeld kann die buddhistische Lehre studiert und in Workshops ausgeübt werden *(www.kamalashila.de)*.

WINTERSPORT

Bei ausreichend Schnee locken die Wintersportzentren mit Liften, Loipen und Rodelbahnen. Die bekanntesten sind der Schwarze Mann und die Wolfsschlucht bei Prüm, der Mäuseberg bei Daun, Monschau-Rohren, der Weiße Stein bei Udenbreth sowie Hollerath bei Hellenthal. An den Zentren ist bei passender Wetterlage ein Schneetelefon eingerichtet. *www.eifel.info*

Wandern zwischen Fluss und Reben: Der Rotweinwanderweg im Ahrtal ist besonders beliebt

MIT KINDERN UNTERWEGS

Die Eifel ist eine familienfreundliche Ferienregion. Auf Burgen wird die Zeit der Ritter und Knappen lebendig. In Wildparks lassen sich heimische Tiere aus der Nähe beobachten. Freilichttheater bieten im Sommer Aufführungen speziell für Kinder.

NORDEIFEL

BURG-ERSTÜRMUNG IN MONSCHAU
(118 B4) (*M B4*)

Im Schein von Taschenlampen an die Burg ranrobben, den Graben und die Tore überwinden und nebenbei Monschauer Geschichten zur Stadt und Burgarchitektur hören: Franz-Peter Müsch nimmt Kinder mit auf eine spielerische Stadtführung. *Auskunft und Anmeldung (Taschenlampe mitbringen): Tel. 02472 16 12 oder 0173 9 29 23 01 | ab 35 Euro pro Gruppe/Std. | www.muesch-monschau.de*

INSIDER TIPP NATIONALPARK-FÜHRUNG
(118–119 C–E 3–5) (*M C–E 3–5*)

Streifzüge durch die Urwälder von morgen unter Führung eines richtigen Rangers: Das bietet der Nationalpark Eifel an. Die 3,5-stündigen, kostenfreien Wanderungen starten an unterschiedlichen Orten. Wer möchte, kann die Ranger auch während ihres Arbeitstags begleiten. *Am 1. So im Monat ab 11 Uhr (in den NRW-Ferien auch Di, Do 14 Uhr) ist Familientag. Anmeldung am Tag vorher: Tel. 02444 95 10 10.* Während der Sommerferien bietet der Nationalpark auch Wildniscamps

Lagerfeuer oder Höhlentouren, Sommerrodeln, Ponyreiten oder Wildnispark: Die Eifel macht Kinder glücklich

für abenteuerlustige Kinder und Jugendliche an. Infos: *www.nationalpark-eifel. de | Rubrik „Kinder/Jugendliche/Familien"*

NATURZENTRUM EIFEL
(119 F5) (*E5*)

In der Nordeifel sind u. a. Korallen zu finden, die hier einmal in einem warmen Urmeer gelebt haben. Im Naturzentrum erfahren Kinder, wie man Fossilien findet und präpariert. *Jeden 3. So im Monat, in den Ferien dreimal wöchentlich, Anmeldung erforderlich: Tel. 02486 12 46 | Fossilien präparieren 7,50 Euro, Kinder 5,50 Euro | Urftstr. 2–4 | Nettersheim | www. naturzentrum-eifel.de*

SCHIENENBUS-HOPPING
(119 D–E 4–5) (*D–E 4–5*)

Ein Stück Eisenbahngeschichte durchfährt von Ende Mai bis Allerheiligen an Sonn- und Feiertagen die Täler von Olef und Urft. Im roten Schienenbus der Oleftalbahn kann man dem Lokführer noch über die Schulter schauen. Haltepunkte dienen als Start/Ziel von Wanderungen,

Er dampft und faucht: Der „Vulkan-Express" macht seinem Namen alle Ehre

Radtouren oder Stadtrundgängen. *3–8 Euro, Kinder 1,50–4 Euro, je nach Strecke | www.oleftalbahn.de*

WESTEIFEL

EIFELPARK (129 F3) *(*𝑚 *E11)*
Der Eifelpark Gondorf, 8 km östlich von Bitburg, ist der größte Wild- und Erlebnispark der Eifel. Mit Bären, Gämsen, Steinböcken, Murmeltieren und Luchsen sowie Attraktionen von der „Eifler Wasserjagd" bis zur Familien-Achterbahn. *Tgl. 10–17 (Ende Juni–Ende August bis 18 Uhr), Nov.–Ende März nur Wildpark tgl. 10–16 Uhr | Eintritt bis 99 cm frei, 100–149 cm 22,50, ab 150 cm 25,50 Euro | www.eifelpark.com*

SPIELZEUGMUSEUM TRIER
(129 F6) *(*𝑚 *E–F14)*
Kinderträume werden wahr: Das Ehepaar Scheurich sammelt seit Jahrzehnten Teddys, Kaufläden, Puppen und Puppenstuben, Eisenbahnen, Blechspielzeug. Clou: ein Altstadtmodell mit sich bewegenden Steifftieren! *Di–So 11–17 Uhr | Eintritt 5 Euro, Kinder 4–10 J. 2 Euro, 11–18 J. 2,50 Euro, Familien 13 Euro | Dietrichstr. 51 | www.spielzeugmuseum-trier.de*

ZEITREISEN IN TRIER
(129 F6) *(*𝑚 *E–F14)*
Der Kinder-Stadtrundgang „2000 Jahre – 4000 Schrittchen" führt in zwei Stunden zu den wichtigsten Sehenswürdigkeiten der Stadt. Spannend ist auch die Erlebnisführung „Das Geheimnis der Porta Nigra" mit einem Zenturio, einem römischen Offizier. Termine, Preise u. Anmeldung: *Tourist-Information Trier (s. S. 55)*.

VULKANEIFEL

KINDERRADWEG EIFEL
Zusammen mit Biggi Biene, Elli Eule, Freddi Fledermaus und Willi Basalt geht es auf Teilen des Maare-Mosel-Radwegs (Daun–Gillenfeld) (124 B5–6) *(*𝑚 *G8–9)* und des Kyll-Radwegs (Bewingen–Densborn) (124 F4–6) *(*𝑚 *E8–9)* auf Entdeckungstour. Spannend: die Fahrt über ein hohes Viadukt und durch einen langen Tunnel. Erlebnisstationen informieren über erloschene Vulkane, Burgen sowie Flora und Fauna der Eifel. Viele Spiel- und Rastmöglichkeiten entlang der Strecke. *www.kinderradweg.de*

SCHATZSUCHE & CO.
Ob GPS-Schatzsuche, eine Wanderung mit Nero, der Eifelmaus oder ein Spa-

MIT KINDERN UNTERWEGS

ziergang ins „Auge der Eifel" – der *Natur- und Geopark Vulkaneifel* bietet in den Sommermonaten viele Ausflüge mit zertifizierten Natur- und Geoparkführern an. *www.geopark-vulkaneifel.de*

INSIDER TIPP SCHULMUSEUM IMMERATH (124 C6) (*H9*)

„Kreide statt Computer" lautet das Motto im alten Schulhaus. In Immerath kann man erleben, wie Unterricht vor 150 Jahren ausgesehen hat. Für Schulklassen wird eine echte Schulstunde organisiert. *April–Okt. Fr 14–17 Uhr und nach Vereinbarung: Tel. 06573 9 52 61 82 | Eintritt 2 Euro, Kinder 1,50, Euro | Hauptstraße*

WEIDENFELLER MAAR
(124 B5) (*G9*)

Sowas von putzig! Am Weidenfelder Maar leben ganzjährig (außer wenn's regnet) eine Menge Ziegen und etliche kein bisschen sturköpfige Esel. Die Bewohner des Freigeheges am Wasser sind ausgesprochen zutraulich und lassen sich sehr gern streicheln. Die Grautiere am besten hinter den Ohren kraulen!

OSTEIFEL

TOLLI-PARK MAYEN-HAUSEN
(126 A3) (*K7*)

Wie der Name verrät: Hier können Kinder ausgiebig tollen. Kletterburg mit Wackelbrücke, Streichelzoo, Bungee-Trampolins, Mega-Wellenrutsche, Vulkan mit Röhrenlabyrinth. *Mo–Fr 14–19, Sa/So und in den Ferien RLP 10.30–19 Uhr | Eintritt ab 4,90 Euro, Kinder ab 8,50 Euro | Nikolaus-Otto-Str. 11 | www.tolli-park.de*

INSIDER TIPP VULKAN-EXPRESS
(126 A1) (*K–l5*)

Eine Dampflok zieht den Vulkan-Express das Brohltal hinauf. Spannend wird es an der Steilstrecke – dann gibt die Lok alles, was in ihr steckt. *Von Brohl nach Engeln 13 Euro (hin und zurück), Kinder (6–15 J.) die Hälfte | Infos: Verkehrsbüro Brohltal | Kapellenstr. 12 | Niederzissen | Tel. 02636 8 03 03 | www.vulkan-express.de*

AHRTAL

AHR-ERLEBNISPFAD (121 E4) (*J4*)

Welche Tiere leben im Weinberg? Was haben die Römer mit dem Traubensaft zu tun? Weinbergschnecke Lotta informiert auf Schautafeln auf einem 3 km langen Rundgang durch den Weinberg. Einen Flyer zu dieser Wissensrallye gibt's in den Tourist-Informationen in Ahrweiler und Bad Neuenahr (s. S. 85).

FREILICHTBÜHNE SCHULD
(120 C6) (*G5*)

Ob Toms Sawyers Abenteuer oder das Märchen von der Meerjungfrau Arielle: Seit 70 Jahren macht die Schulder Laienspielschar im Sommer Theater – auch für Kinder. *Eintritt 12 Euro, Kinder 6 Euro | www.freilichtbuehne-schuld.de*

KLETTERPARK BAD NEUENAHR-AHRWEILER (121 E4–5) (*J4*)

Sich wie Tarzan junior von Baum zu Baum schwingen: Ein Kinderparcours sorgt für Action in der Luft. *Ende März–Anfang Nov. Fr–So u. feiertags ab 10 Uhr (letzte Einweisung 3 Std. vor Dämmerung), in den Schulferien NRW und RLP auch Di–Do | Voranmeldung empfohlen: Tel. 02211 98 25 60 00 | Kinder-Parcours ab 13,95 Euro | Königsfelder Str. | www.wald-abenteuer.de*

SOMMERRODELBAHN (121 D5) (*H5*)

In einer Edelstahlröhre saust der Schlitten über sieben Kurven ins Tal. *Mitte März–Okt. tgl. 10–18.30 Uhr | Einzelfahrt 3,50 Euro | Altenahr-Kahlenborn | www.sommerrodelbahn-altenahr.de*

EVENTS, FESTE & MEHR

Skurrile Umzüge, kriminalistische Spurensuche und wilde Ritterkämpfe gehören zu den Höhepunkten jedes Eifeljahrs. Zudem gibt es eine blühende Musiklandschaft.

FESTE & VERANSTALTUNGEN

FEBRUAR/MÄRZ
★ *Geisterzug* in Blankenheim am Karnevalssamstag: Gespenster mit Pechfackeln ziehen durchs nächtliche Burgstädtchen.
Burgbrennen in vielen Dörfern: Zur Vertreibung des Winters werden am Sonntag nach Fastnacht Strohhaufen oder mit Stroh umwickelte Kreuze abgebrannt.

MÄRZ/APRIL
Eierlage: Wettrennen um Eier werden viele ausgetragen, das wohl urigste am Ostermontag in INSIDER TIPP Schönecken. 1764 erstmals urkundlich erwähnt, ist das Osterritual eines der ältesten in Europa. *www.eierlage.de*
Internationales Wildwasserrennen in Monschau auf Rur und Perlenbach, meistens Ende März/Anfang April

APRIL/MAI
★ *Eifel-Literaturfestival:* Größen der Literaturszene versammeln sich alle zwei Jahre bis Oktober in der Gegend um Bitburg und Prüm. *www.eifel-literatur-festival.de*

MAI/JUNI
★ *Rock am Ring:* Deutschlands größtes Open-Air-Festival ist eine dreitägige Show der Superlative auf dem Nürburgring. *www.rock-am-ring.com*
Ritterspiele und Burgmarkt auf Burg Satzvey bei Mechernich (bis Sept.)
Ahrtaler Gipfelfest: An vier Tagen gilt es, vier Gipfel zu erwandern. (Fronleichnam-Wochenende)
Gebietsweinmarkt zu Pfingsten in Ahrweiler

JUNI
Burgfestspiele in Mayen: Theater- und Musikproduktionen im Hof der Genovevaburg (bis Mitte Aug.). *www.burgfestspiele-mayen.de*
Eifeler Musikfest im Kloster Steinfeld mit Kammer- und Orgelkonzerten.
INSIDER TIPP *Spannungen* – Kammermusikfest im Jugendstilkraftwerk Heimbach bei Düren. *www.spannungen.de*

JULI
Moselfest Zurlauben in Trier: Anfang Juli steppt im alten Fischerviertel der Partybär

Geister kehren den Winter aus, Musikfans feiern den Sommer, und Kriminalisten gehen auf herbstliche Spurensuche

Europäisches Folklorefestival in Bitburg am zweiten Wochenende
Klassik auf dem Vulkan auf dem Dauner Burgberg und am Gemündener Maar: Klassik, Pop und Jazz. *www.klassikaufdemvulkan.de*
Rursee in Flammen: Viertägiges Riesenspektakel am Monatsende mit Livemusik und großem Feuerwerk in Rurberg

AUGUST

● *Monschau-Festival:* Beim Open Air auf der Burg stehen Opernhighlights, Klassik, Jazz, Pop und Chanson auf dem Programm. *www.monschau-festival.de*
★ *Säubrennerkirmes* in Wittlich am dritten Wochenende: Ganze Schweine rösten am Grill.
Stadtfest in Adenau am letzten August-Wochenende
★ *Historisches Burgenfest* auf der Niederburg bei Manderscheid am vierten Wochenende – mit Reiterkämpfen und Rittergelagen

SEPTEMBER

Bühne unter Sternen: Pop, Folk, Jazz und Musical auf Burg Nideggen am Monatsanfang. *www.buehne-unter-sternen.de*
Winzerfeste im Ahrtal. Termine unter *www.ahrtal.de/weinfeste*
Tatort Eifel: großes Krimifestival in der Vulkaneifel, alle zwei Jahre am dritten Wochenende. *www.tatort-eifel.de*

OKTOBER

Klangwelle im Kurpark Bad Neuenahr-Ahrweiler: Interaktive Show aus Wasser, Musik und Videoprojektionen. *www.dieklangwelle.de*
Lukasmarkt in Mayen Mitte des Monats, der größte Jahrmarkt der Eifel

DEZEMBER

Weihnachtsmärkte in verschiedenen Orten der Eifel. Die schönsten sind in Monschau und in Trier.
Uferlichter in Bad Neuenahr-Ahrweiler: Illumination des Ahrufers (ab 1. Adventswochenende). *www.uferlichter.de*

LINKS, BLOGS, APPS & CO.

LINKS & BLOGS

short.travel/eif1 Alles Nützliche zu Wanderzielen und Wanderwegen in der Eifel, Streckenverlauf und Wegbeschreibung, Gastgeber, Höhenprofile und kostenlose GPS-Tracks

www.endlicheifel.de Interaktives Online-Magazin mit vielseitigen Beiträgen zum Thema Eifel und informativen, auch mal ungewöhnlichen Tipps

www.sophie-lange.de Seit Langem beschäftigt sich Sophie Lange mit der Geschichte der Region. Hier finden Sie, was woanders ausgelassen wird, etwa Frauengeschichte und Matronenkult, Brauchtum und Alt-Eifeler Rezepte

www.strassen-der-roemer.eu Ob Römerkanalwanderweg nahe Nettersheim, die römische Villa Sarabodis in Gerolstein oder eine alte Kelteranlage an der Mosel: Tipps zu rund 100 antiken Sehenswürdigkeiten im Großraum Trier

www.marcopolo.de/eifel Ihr Online-Reiseführer mit allen wichtigen Informationen, Highlights und Tipps, interaktivem Routenplaner, spannenden News & Reportagen sowie inspirierenden Fotogalerien

hepeters.bplaced.com/wordpress Hans-Eberhard Peters und seine Frau Ursula sind „Eifel-süchtig". Ihre Touren dokumentieren sie in Worten und schönen Bildern. Weitere lesenswerte Blogs über Wanderungen in der Eifel, im Ahrtal und an der Mosel: **www.schlenderer.de**, **www.wandernbonn.de** und **www.eifel-wanderungen.de**

www.klimatour-eifel.de Wie Sie Ihren Urlaub in der Nordeifel klimafreundlich gestalten können, erfahren Sie hier

www.eifelbahnforum.de Eifel-Eisenbahnfreunde tauschen sich zu historischen wie auch aktuellen Fotoaufnahmen von Loks und Zügen auf Eisenbahnstrecken in der Eifel aus. Auch: Termine und Fahrpläne

Egal, ob für Ihre Reisevorbereitung oder vor Ort: Diese Adressen bereichern Ihren Urlaub. Da manche sehr lang sind, führt Sie der short.travel-Code direkt auf die beschriebenen Websites. Falls bei der Eingabe der Codes eine Fehlermeldung erscheint, könnte das an Ihren Einstellungen zum anonymen Surfen liegen

VIDEOS & MUSIK

www.facebook.com/eifelfanpage
„Habt Ihr auch das tolle Abendrot gesehen?" – „Wer morgen noch nichts vorhat, kann mit uns wandern." Munter frequentierter Tummelplatz, auf dem sich Fans über den wilden Westen Deutschlands austauschen oder gleich verabreden

short.travel/eif2 Eine Webcam für Uhu-Freunde: Seit einigen Jahren sendet eine versteckte Spezialkamera täglich Bilder aus einer 90 m hohen Felswand im Ahrtal. Stars des Geschehens sind das Uhu-Weibchen Lotte und ihre Familie. Die Kamera liefert neben tollen Bildern auch wichtige Informationen über den in seinem Bestand gefährdeten Greifvogel.

short.travel/eif3 Die Kölschen Rocker *Brings* wollen „Nie mehr ohne die Eifel sein" und vertonen dies auch.

www.rhein-eifel.tv Museen, Stadtporträts und Kurzvorstellungen von Hotels und Gastronomie: betuliche, aber informative Filmporträts aus der Eifel

www.montv.de Von Monschauern für Monschauer und Besucher gemachtes Internetfernsehen über Monschau und Umgebung

www.youtube.com/user/eifelvideos Jede Menge Videos zu jeder Menge Eifel-Themen wie Wandern, Radeln und der „Regionalmarke Eifel"

APPS

Touren-App Rheinland-Pfalz Die Gratis-App liefert Wegbeschreibungen mit Übersichtskarte, Höhenprofile und GPS-Daten sowie Sehenswürdigkeiten und Einkehrmöglichkeiten zum Herunterladen (www.gastlandschaften.de/tourenapp)

Rock am Ring – Die offizielle App Kostenlose App für das größte Open-Air-Festival Deutschlands. Neben einem News-Ticker und allgemeinen Infos, etwa zum Wetter und den Bands, können Sie sich einen persönlichen Spielplan zusammenstellen. Nett: die Alarmfunktion, damit Sie Ihre Lieblingsband nicht verpassen

Eifelwetter Unterwegs die Wetterlage checken? Die kostenfreie App informiert über Temperatur, Luftfeuchte und Luftdruck und bietet darüber hinaus eine Fünf-Tage-Vorschau für die Eifel-Region

Für den Inhalt der auf diesen Seiten genannten Adressen übernimmt der Verlag keine Verantwortung

PRAKTISCHE HINWEISE

ANREISE

🚗 Aachen, Köln, Bonn, Koblenz und Trier sind die nächstgelegenen größeren deutschen Städte auf dem Weg in die Eifel. In den Nachbarländern sind das Luxemburg, Lüttich und Maastricht. Durch Autobahnen ist die Region bestens erschlossen. Am Nordrand der Eifel verläuft die A 4 von Köln nach Aachen. Aus Hamburg über Köln bzw. aus dem Süden von Saarbrücken/Frankreich führt die A 1 in die zentralen Teile der Eifel; zwischen Blankenheim und Kelberg weist sie noch eine Lücke auf. Am Ostrand der Eifel entlang führt die A 61 von Köln nach Ludwigshafen. Von ihr aus ist das Ahrtal gut zu erreichen. Die A 3 Köln–Frankfurt ist am Dernbacher Dreieck über die A 48 mit der Ost- und Vulkaneifel verknüpft. Von Lüttich/Verviers (Belgien) führt die A 60 nach Wittlich zur A 1. Über die A 60 sind Ziele in der Westeifel zu erreichen.

🚆 Die Strecke Köln–Euskirchen–Gerolstein–Trier–Saarbrücken führt durch die Eifel und wird im Stundentakt bedient. Am südlichen Rand der Eifel verläuft die Strecke Koblenz–Bullay–Wittlich–Trier. Von Düren fährt die Rurtalbahn nach Heimbach. Von Bonn gelangt man über Euskirchen nach Bad Münstereifel. Von Remagen führt die Ahrtalbahn nach Ahrbrück mit Busanschlüssen von und nach Adenau. Von Andernach nach Kaisersesch verkehrt die Eifel-Pellenz-Bahn.

✈ Die nächsten Flughäfen sind Aachen/Maastricht, Düsseldorf, Köln/Bonn und Luxemburg. Hahn/Hunsrück wird nur aus dem europäischen Ausland angeflogen.

🚌 Über Aachen, Trier, Köln, Bonn, Koblenz und Luxemburg ist die Eifel über Fernbusse erreichbar. In diesen Städten heißt es dann allerdings Umsteigen auf Bus und Bahn der Region (s. S. 115)

GRÜN & FAIR REISEN

Auf Reisen können auch Sie viel bewirken. Behalten Sie nicht nur die CO_2-Bilanz für Hin- und Rückreise im Hinterkopf *(www.atmosfair.de; de.myclimate.org)* – etwa indem Sie Ihre Route umweltgerecht planen *(www.routerank.com)* – , sondern achten Sie auch Natur und Kultur im Reiseland *(www.gate-tourismus.de)*. Gerade als Tourist ist es wichtig, auf Aspekte wie Naturschutz *(www.nabu.de; www.wwf.de)*, regionale Produkte, wenig Autofahren, Wassersparen und vieles mehr zu achten. Wenn Sie mehr über ökologischen Tourismus erfahren wollen: europaweit *www.oete.de*; weltweit *www.germanwatch.org*

AUSKUNFT

Es gibt keine zentrale Informationsstelle für die gesamte Eifel, wohl aber Auskunftsstellen für die einzelnen Regionen. Daneben geben örtliche Tourist-Informationen Auskunft.

NORD-, WEST-, OST UND VULKANEIFEL: EIFEL-TOURISMUS (ET) GMBH
Kalvarienbergstr. 1 | 54595 Prüm | Tel. 06551 9 65 60 | www.eifel.info

Von Anreise bis Wetter

Urlaub von Anfang bis Ende: die wichtigsten Adressen und Informationen für Ihre Eifel-Reise

**AHRTAL-TOURISMUS
BAD NEUENAHR-AHRWEILER E.V.**
Blankartshof 1 | 53474 Bad Neuenahr-Ahrweiler | Tel. 02641 91710 | www.ahrtal.de

CAMPING

Rund 30 Campingplätze mit durchweg hohem Standard verteilen sich über das Gebiet. Oft sind sie sehr schön gelegen, im Wald oder an Fluss- oder Seeufern. Einer der schönsten ist der Fünf-Sterne-Campingplatz am Freilinger See. Dort gibt es Waschräume mit kindgerechten Armaturen, Kiosk, Bootsverleih und Mietautos. Einen Überblick gibt das „Campingmagazin Eifel", erhältlich bei der *Eifel-Tourismus GmbH | Tel. 06551 9 65 60 | www.eifel.info*

FAHRRADBUSSE

Infos über die Saison der Fahrradbusse, Abfahrtzeiten oder die Fahrradwege finden Sie unter *www.regioradler.de.* Dort können Sie auch Fahrradplätze buchen und Flyer mit vielen Tipps herunterladen. Von Mai bis Oktober fährt sonn- und feiertags ein Fahrradbus von Aachen in die Eifel *(tel. Reservierung 0241 9 12 8 90 | www.avv.de).*

FERIEN AUF DEM BAUERNHOF

Schon einmal eine Kuh gemolken? Hühner gefüttert und Eier gesammelt? Kartoffeln eigenhändig ausgebuddelt oder Brot gebacken? Unter dem Motto „Naturlaub bei Freunden" haben sich Gast-Bauernhöfe der Eifel zusammengeschlossen. Neben dem Anschauungsunterricht durch das Mitleben auf dem Bauernhof bieten viele auch ein interessantes Programm, z. B. „Der Bauerngarten": alles übers Ernten, Entsaften und Liköransetzen. *Auskunft: Eifel-Tourismus GmbH | Tel. 06551 9 65 60 | www.eifel.info | www.naturlaub-bei-freunden.de*

WAS KOSTET WIE VIEL?

Kaffee	2–2,50 Euro *für eine Tasse*
Schifffahrt	11,20 Euro *Rundfahrt auf dem Rur-Stausee*
Wein	4,50 Euro *für ein Glas (0,2 l) Ahr-Spätburgunder*
Nürburgring	25–30 Euro *im eigenen Auto durch die Nordschleife*
Snack	7–9 Euro *für eine Portion Döppekooche mit Apfelmus*
Souvenir	7–9 Euro *für ca. 200 ml Senf im Tontopf*

GÄSTEKARTEN

In einigen Regionen beteiligen sich bestimmte Übernachtungsbetriebe an einer Gästekarte. Mit dieser sparen Sie z. B. den Eintritt (ganz oder teilweise) in Sehenswürdigkeiten und Freizeiteinrichtungen oder können öffentliche Verkehrsmittel kostenfrei nutzen. Nordeifel: *GästeCard Eifel (www.erlebnis-region.de)*, Ahrtal: *Gästekarte Bad Neuenahr-Ahrweiler (www.ahrtal.de)*. Unabhängig von einer Unterkunftsbuchung in Trier: *TrierCard (www.trier-info.de/triercard)*

GELD & PREISE

Geldautomaten gibt es auch in größeren Dörfern. Die Eifel ist noch immer ein preisgünstiges Pflaster. Die Hotel- und Pensionspreise liegen spürbar unter dem deutschen Durchschnitt. Nur in Touristenzentren wird manchmal kräftig zugelangt. Da kann es sich lohnen, einige Kilometer weit ins Umland zu fahren. Wer in der Nähe von Luxemburg ist, sollte zum Tanken über die Grenze fahren, dort ist das Benzin günstiger. Gleiches gilt für Zigaretten und Kaffee.

JUGENDHERBERGEN

Die schönste Jugendherberge der Eifel ist wohl *Burg Monschau*. Die alte Ritterburg ist nicht nur das Wahrzeichen der Stadt, sondern auch ein beliebtes Quartier für Menschen aus aller Welt: *www.jugendherberge.de/jh/rheinland/monschau*
Weitere Jugendherbergen finden Sie in Altenahr, Bad Münstereifel, Bad Neuenahr-Ahrweiler, Blankenheim, Bollendorf, Daun, Gemünd, Gerolstein, Hellenthal, Manderscheid, Mayen, Monschau-Hargard, Nideggen, Prüm, Simmerath und Trier *(www.djh.de)*. Beliebt sind auch Selbstversorgerhäuser wie das Waldjugendcamp im Wirfttal bei Stadtkyll *(www.aktivland-eifel.de)*.

KLIMA

Die Eifel liegt im Einflussbereich des atlantischen Großklimas mit wechselhaftem Wetter zwischen Sonnenschein und Regen. Am regenreichsten und relativ rau sind Nordeifel, Hohes Venn und Schneifelkamm, weil sich die feuchte atlantische Luft beim Aufsteigen am

WETTER IN MANDERSCHEID

	Jan.	Feb.	März	April	Mai	Juni	Juli	Aug.	Sept.	Okt.	Nov.	Dez.
Tagestemperaturen in °C	2	2	4	12	16	20	21	21	18	13	6	3
Nachttemperaturen in °C	-3	-2	-1	2	6	9	11	10	8	5	1	-2
Sonnenschein Stunden/Tag	2	2	3	5	6	7	7	6	5	4	2	1
Niederschlag Tage/Monat	12	10	9	10	9	9	10	11	9	10	11	11

PRAKTISCHE HINWEISE

Gebirgsrand abregnet. Deutlich trockener und wärmer sind das Ahrtal und die Osteifel, besonders in windgeschützten Lagen. Im Frühherbst (Sept.–Okt.) herrschen meist beständige Hochdrucklagen und damit sonniges Wetter. Im Winter ist vor allem in den höheren Lagen mit Schnee und Glatteis zu rechnen.

ÖFFENTLICHE VERKEHRSMITTEL

Neben den Bahnlinien gibt es quer durch die Eifel zahlreiche regionale Buslinien, die die Gemeinden verbinden. Allerdings sind viele dieser Linien vor allem an den Schulzeiten ausgerichtet. Längst nicht jedes Dorf ist mit dem Bus erreichbar, daher sollten Sie vorher die Fahrpläne studieren. Die Eifel ist regional nach Verkehrsverbünden gegliedert, die jeweils eigene Fahrpläne herausgeben: Zuständig für die Nordeifel, Bad Münstereifel und Teile des Eifeler Quellendreiecks ist der Regionalverkehr Köln *(Fahrplanauskunft Tel. 01806 13 13 13 (*) | www.rvk.de),* für das Monschauer Land und die Rureifel der Aachener Verkehrsverbund *(Fahrplanauskunft Tel. 01806 50 40 30 (*) | www.avv.de),* für Mayen, Mendig, die Maare, Pellenz und Vordereifel der Verkehrsverbund Rhein-Mosel *(Tel. 0800 5 98 69 86 | www.vrminfo.de)* und für Trier und das Umland der Verkehrsverbund Region Trier *(Tel. 01806 13 16 19 (*) | www.vrt-info.de).*
Tageskarten sind meistens günstiger als Einzelfahrscheine. In Düren fährt der Doppeldeckerbus „Mäxchen" während der Saison von Mai bis Ende Oktober jeden Sa/So ab dem Bahnhof Heimbach über Kloster Mariawald, die Kermeterhöhen, Rursee, Schwammenauel und zurück zum Bahnhof *(www.dkb-dn.de).*
Übrigens: Viele Hoteliers haben einen Shuttleservice und holen ihre Gäste an der nächstgelegenen Haltestelle ab.

TAXIBUS

Taxifahren zum Bustarif: Gerade an den Wochenenden ergänzen oder ersetzen die Anruf-Sammeltaxis (Ast) den Linienverkehr in gewissen Ecken der Eifel wie in Bad Münstereifel, Hellenthal, Kall, Mechernich, Schleiden, Weilerswist und

Radtour durch die Weinberge im Ahrtal

Zülpich. Wenn Sie den Service nutzen wollen, müssen Sie ihn mindestens 30 Min. vor der im Fahrplan angegebenen Abfahrtszeit bei der örtlichen AST-Zentrale telefonisch anmelden: *Landkreis Bad-Neuenahr-Ahrweiler, Tel. 01806 15 15 15 (*); Stadt Mechernich, Tel. 02441 99 45 45 45; Kreis Euskirchen, Bad Münstereifel, Tel. 01806 15 15 15 (*).* Weitere Rufnummern und Informationen: *short.travel/eif6*

REISEATLAS

▬ Verlauf der Erlebnistour „Perfekt im Überblick"
▬ Verlauf der Erlebnistouren

Der Gesamtverlauf aller Touren ist auch in der herausnehmbaren Faltkarte eingetragen

Bild: Naturpark Hohes Venn

Unterwegs in der Eifel

Die Seiteneinteilung für den Reiseatlas finden Sie auf dem hinteren Umschlag dieses Reiseführers

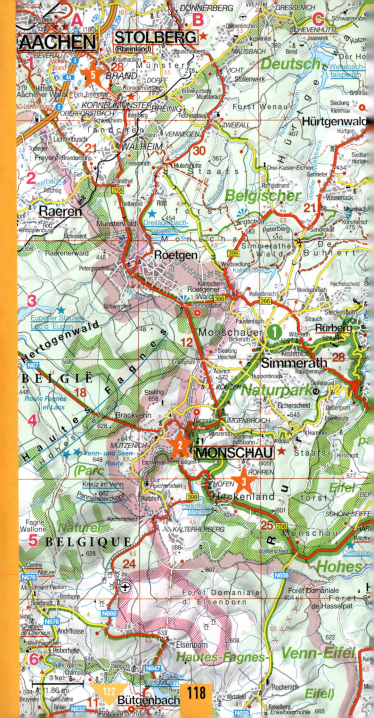

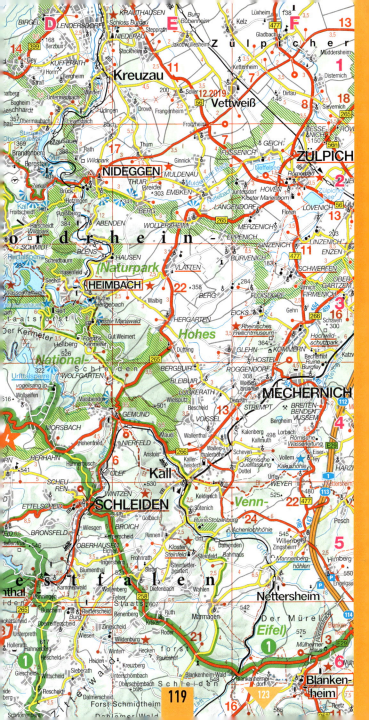

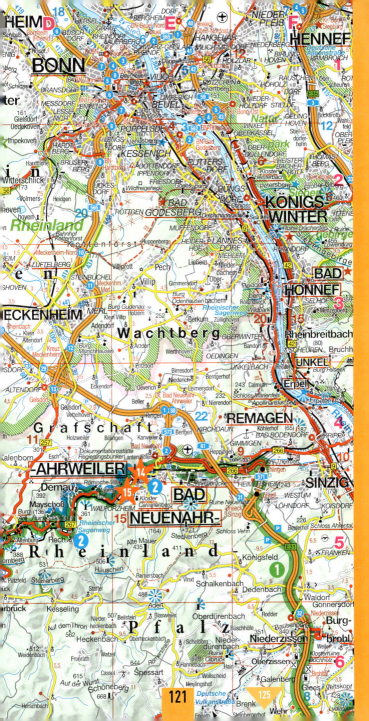

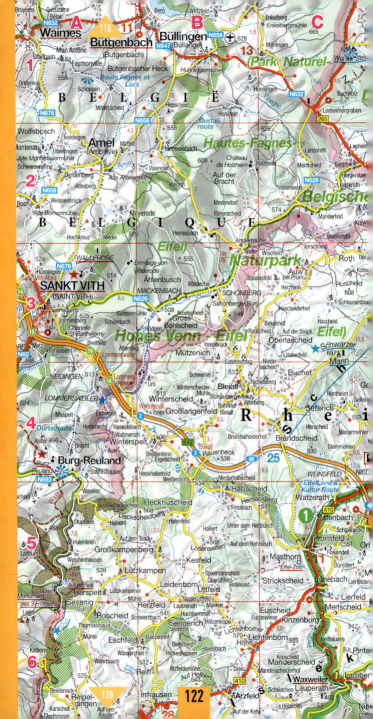

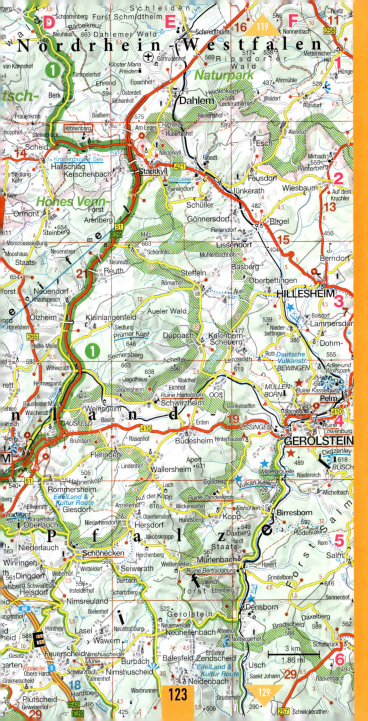

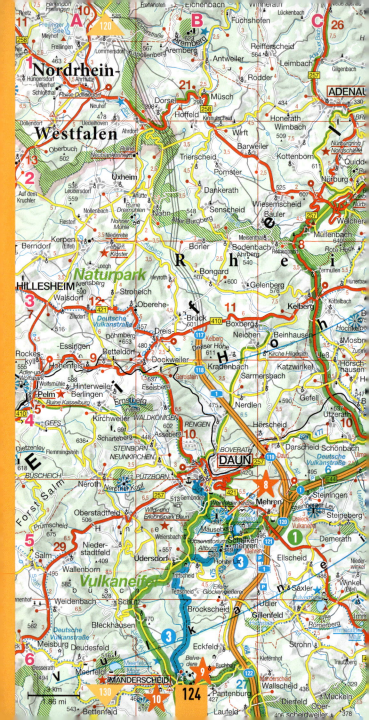

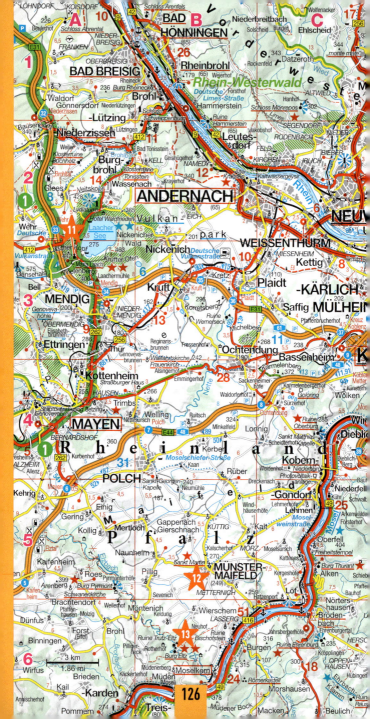

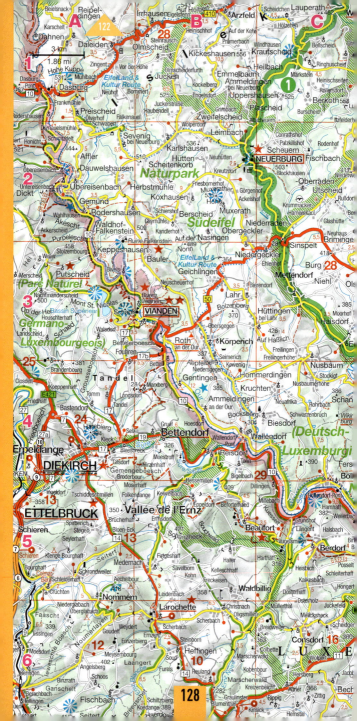

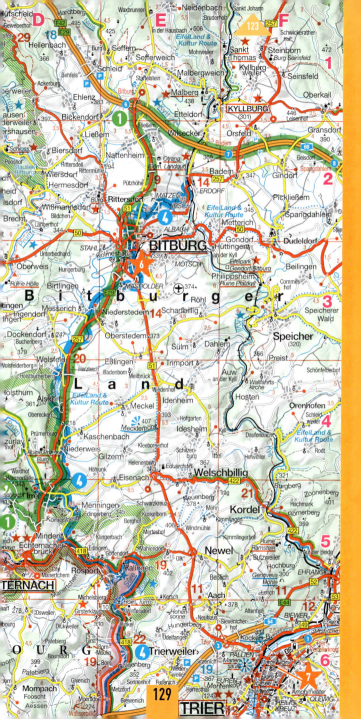

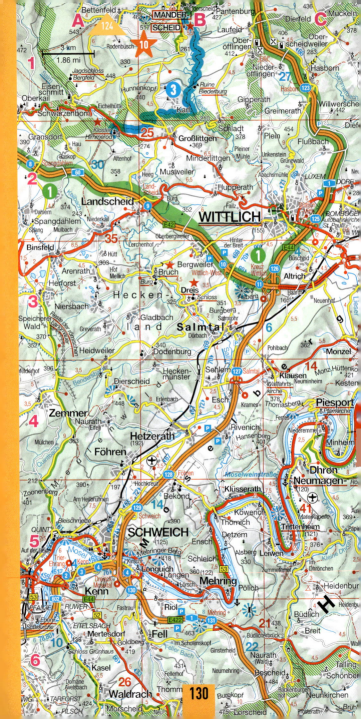

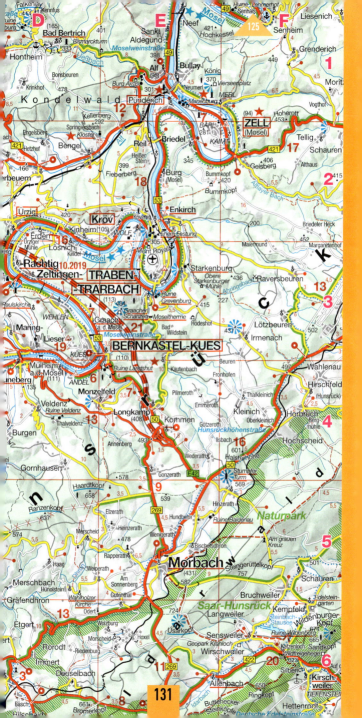

KARTENLEGENDE

Autobahn · Gebührenpflichtige Anschlussstelle · Gebührenstelle · Anschlussstelle mit Nummer · Rasthaus mit Übernachtung · Raststätte · Kleinraststätte · Tankstelle · Parkplatz mit und ohne WC	Motorway · Toll junction · Toll station · Junction with number · Motel · Restaurant · Snackbar · Filling-station · Parking place with and without WC
Autobahn in Bau und geplant mit Datum der voraussichtlichen Verkehrsübergabe	Motorway under construction and projected with expected date of opening
Zweibahnige Straße (4-spurig)	Dual carriageway (4 lanes)
Fernverkehrsstraße · Straßennummern	Trunk road · Road numbers
Wichtige Hauptstraße	Important main road
Hauptstraße · Tunnel · Brücke	Main road · Tunnel · Bridge
Nebenstraßen	Minor roads
Fahrweg · Fußweg	Track · Footpath
Wanderweg (Auswahl)	Tourist footpath (selection)
Eisenbahn mit Fernverkehr	Main line railway
Zahnradbahn, Standseilbahn	Rack-railway, funicular
Kabinenschwebebahn · Sessellift	Aerial cableway · Chair-lift
Autofähre · Personenfähre	Car ferry · Passenger ferry
Schifffahrtslinie	Shipping route
Naturschutzgebiet · Sperrgebiet	Nature reserve · Prohibited area
Nationalpark · Naturpark · Wald	National park · natural park · Forest
Straße für Kfz. gesperrt	Road closed to motor vehicles
Straße mit Gebühr	Toll road
Straße mit Wintersperre	Road closed in winter
Straße gesperrt bzw. nicht empfehlenswert für Wohnanhänger	Road closed or not recommended for caravans
Touristenstraße · Pass	Tourist route · Pass
Schöner Ausblick · Rundblick · Landschaftlich bes. schöne Strecke	Scenic view · Panoramic view · Route with beautiful scenery
Heilbad · Schwimmbad	Spa · Swimming pool
Jugendherberge · Campingplatz	Youth hostel · Camping site
Golfplatz · Sprungschanze	Golf-course · Ski jump
Kirche im Ort, freistehend · Kapelle	Church · Chapel
Kloster · Klosterruine	Monastery · Monastery ruin
Synagoge · Moschee	Synagogue · Mosque
Schloss, Burg · Schloss-, Burgruine	Palace, castle · Ruin
Turm · Funk-, Fernsehturm	Tower · Radio-, TV-tower
Leuchtturm · Kraftwerk	Lighthouse · Power station
Wasserfall · Schleuse	Waterfall · Lock
Bauwerk · Marktplatz, Areal	Important building · Market place, area
Ausgrabungs- u. Ruinenstätte · Bergwerk	Arch. excavation, ruins · Mine
Dolmen · Menhir · Nuraghen	Dolmen · Menhir · Nuraghe
Hünen-, Hügelgrab · Soldatenfriedhof	Cairn · Military cemetery
Hotel, Gasthaus, Berghütte · Höhle	Hotel, inn, refuge · Cave

Kultur — **Culture**
Malerisches Ortsbild · Ortshöhe — Picturesque town · Elevation
Eine Reise wert — Worth a journey
Lohnt einen Umweg — Worth a detour
Sehenswert — Worth seeing

Landschaft — **Landscape**
Eine Reise wert — Worth a journey
Lohnt einen Umweg — Worth a detour
Sehenswert — Worth seeing

MARCO POLO Erlebnistour 1 — **MARCO POLO Discovery Tour 1**
MARCO POLO Erlebnistouren — **MARCO POLO Discovery Tours**
MARCO POLO Highlight — **MARCO POLO Highlight**

monschau touristik

Monschau erleben!

- Wandern auf dem Eifelsteig und seinen Partnerwegen
- Radfahren auf der Vennbahnroute und dem RurUferRadweg
- Monschau Festival auf der Burg
- Natur-Urlaub im Hohen Venn und im Nationalpark Eifel
- Monschauer Erlebnistouren für jedermann
- Einer der schönsten Weihnachtsmärkte Deutschlands an allen 4 Adventswochenenden

WIR BERATEN SIE GERNE!

Stadtstraße 16 · 52156 Monschau · Tel. +49(0)2472-8048-0
touristik@monschau.de · www.monschau.de

REGISTER

In diesem Register sind alle in diesem Band erwähnten Orte und Ausflugsziele verzeichnet. Gefettete Seitenzahlen verweisen auf den Haupteintrag.

Adenau 112
Ahrsteig 83
Ahrtal 30, 91, **93**
Ahrweiler 91, 93, 107, 108
Alsdorf 98
Altenahr 107, 114
Andernach 103
Bad Bertrich **59**, 103
Bad Münstereifel 14, 21, 28, 31, **32**, 90, 100, 112, 114, 115, 136
Bad Neuenahr 91, 103
Bad Neuenahr-Ahrweiler 16, **80**, 82, 86, 91, 100, 102, 107, 109, 114
Baustert 100
Bernkastel-Kues 102
Biersdorf 50
Birgel 60, 63
Bitburg 16, **44**, 50, 92, 98, 108
Blankenheim 21, **34**, 83, 108, 112, 114, 136
Bollendorf 48, 101, 114
Brandscheid 24
Brockscheid 66
Brohl 107
Brohltal 74, **79**, 107
Bruder-Klaus-Kapelle 35
Büchel 16
Burbach 100
Burg Eltz 14, 21, **79**
Burg Landskron 85
Burg Nideggen 109
Burg Satzvey 103, 108
Burg Vogelsang 90
Darscheid 29
Daun 29, **56**, 95, 102, 109, 114
Dernau **85**, 94
Devonium 47, 92
Dollendorf 19, 136
Dreis 29, 69
Dudeldorf 47
Düren 21
Echternach 101
Echternacherbrück 16
Eckfeld 96
Eicherscheid 16
Eifeler Glockengießerei 66
Eifelpark Gondorf 46, 106
Eifelsteig 102
Einruhr 24, 39, 42
Eisenschmitt 66
Engeln 107
Ettringen 73
Euskirchen 103
Ferschweiler 29
Ferschweiler Plateau 48
Fraukirch 73
Freilinger See 113
Gemünd 40, 114
Gemündener Maar 60, 92, 95, 109
Genovevaburg 22
Genovevahöhle 22
Gerolstein 13, **60**, 101, 102, 112, 114
Gillenfeld 31, 59, 64
Gondorf 46
Heimbach 40, **42**, 43, 101, 108, 112, 115
Hellenthal **36**, 39, **41**, 92, 114, 115
Heppingen 29, **85**
Hillesheim 15, 22, **61**, 100
Himmerod 15, **66**, 97
Höfen 40
Hohe Acht **73**, 74
Höhendörfer 25, **40**
Hüttingen bei Lahr 48
Immerath 107
Inden 43
Irrel 25
Irreler Wasserfälle 17, 48, 98, 100
Kail 29
Kaiser Karls Bettstatt 40
Kaisersesch 112
Kakushöhle 35
Kall 35, 115
Kalterherberg 40
Kasselburg 19, 62
Kerpen 62
Kirchsahr 86, 87
Kloster Himmerod 97
Kloster Langenfeld 103
Kloster Maria Laach 15, **74**, 91
Kloster Mariawald 115
Kloster Marienthal 30, 87, 94
Kloster Steinfeld 35, 37, 38, 41, 108
Kommern 35, 37, 38, 41
Kornelimünster 37
Körperich 48
Kretz 76
Kronenburg 36, 41, 92
Kyllburg 48
Laacher See 22, 100
Langerwehe **31**, 43
Lydia-Turm 91
Malberg 48
Manderscheid **65**, **68**, 92, 96, 109, 114
Maria Laach 15, 29, **74**, 91
Mayen 22, **70**, 77, 107, 108, 109, 114, 115
Mayschoß 30, 91, 94
Mechernich 100, 103, 108, 115
Meerfeld 19, 58, 136
Meerfelder Maar 58, **67**
Mendig 22, 30, 63, 76, 115
Menningen 99
Minden 99
Monreal 14, 21, 31, **75**, 136
Monschau 14, 21, 25, 28, 31, **38**, 42, 63, 89, 93, 104, 108, 109, 114, 136
Mörz 79
Mürlenbach 14, 63
Mützenich 16, 19, 40, 136
Nationalpark Eifel 22, **23**, 40, 136
Neroth 60, **64**, 69, 103
Nettersheim **36**, 105
Neuerburg 16, 92
Nideggen 37, 40, **41**, 101, 114
Nürburg 76
Nürburgring 15, **76**, 91, 102, 108, 136
Observatorium Hoher List 59
Oleftalsperre 39, 93
Pelm 63
Polch 31
Prüm 14, **49**, 50, 92, 108, 114
Pulvermaar 23, **64**
Rech **87**, 94
Regierungsbunker 80
Reifferscheid 39
Remagen 83
Rohren 40
Römerbergwerk Meurin 76
Rurberg 24, 39, 40, 90, 109
Rursee 39, 40
Rurtalsperre Schwammenauel 24, 42, 90
Saffenberg 94
Saffig 76
Schalkenmehren 59, 91, 96
Schalkenmehrener Maar 60, 92, 95
Schleiden 115
Schloss Burgau 21
Schloss Bürresheim 77
Schloss Weilerbach 50
Schmidt 18
Schönecken 108
Schuld 107
Schwarzer Mann 24, 103
Silberbergtunnel 93
Simmerath 103, 114
Sinzig 85
Sistig 37
Skulpturenpark Kruft 50
Sommerrodelbahn Altenahr 107

IMPRESSUM

Spangdahlem 16
St.-Stephanus-Kirche 37, 41
Stadtkyll 114
Strohn 64
Teufelsschlucht 92, 106
Thür 22
Traben-Trarbach 102
Trautzberger Maar 64
Trier 18, 30, **50**, 103, 112, 114
Üdersdorf 96
Ulmen 64

Ulmener Maar 23, 25
Urfttalsperre 39
Üxheim/Niederehe 69
Vogelsang 23, 39, **40**, 90
Vulkanpark Osteifel 76
Wachendorf 35
Wallenborn 60, 63, 64
Walporzheim 29, **85**
Wasserbillig 99
Wasserbilligerbrück 99
Waxweiler 47, 92

Weidenfeller Maar 107
Weilerswist 115
Weinfelder Maar (Totenmaar) 23, 60, 136
Wildpark Daun 64
Wimbach 76
Wittlich **68**, 92, 109
Wißmannsdorf 100
Wollersheim 30
Wollseifen 41
Zülpich **43**, 115, 136

SCHREIBEN SIE UNS!

Egal, was Ihnen Tolles im Urlaub begegnet oder Ihnen auf der Seele brennt, lassen Sie es uns wissen! Ob Lob, Kritik oder Ihr ganz persönlicher Tipp – die MARCO POLO Redaktion freut sich auf Ihre Infos.

Wir setzen alles dran, Ihnen möglichst aktuelle Informationen mit auf die Reise zu geben. Dennoch schleichen sich manchmal Fehler ein – trotz gründlicher Recherche unserer Autoren/innen. Sie haben sicherlich Verständnis, dass der Verlag dafür keine Haftung übernehmen kann.

MARCO POLO Redaktion
MAIRDUMONT
Postfach 31 51
73751 Ostfildern
info@marcopolo.de

IMPRESSUM
Titelbild: Rurstausee (Getty Images/Look: H. Wohner)
Fotos: DuMont Bildarchiv: C. Baeck (86); Getty Images: P. Cade (5, 100/101), H.-G. Eiben (56/57), T. Lohnes (18 o.), svetikd (18 M.); Getty Images/Look: H. Wohner (1 o.); Getty Images/VisitBritain: R. Edwards (18 u.); Goldschmiedewerkstatt Rolf Schneider Mayen (30/31); G. Hausemer (1 u.); huber-images: (34, 99), H.-P. Merten (1 u., 51), R. Schmid (80/81, 116/117), C. Seba (53); Laif: S. Bungert (24/25), Gaasterland (6), M. Gonzalez (26/27), Hohenberg (11), M. Jung (17), T. Rabsch (38, 109); Look: Johaentges (20/21), B. Merz (14/15, 82), H. Wohner (4 o., 12/13, 44/45, 49, 65); Look/age fotostock (46); mauritius images: M. Gilsdorf (77), T. Krüger (58), C. Seba (92), D. & M. Sheldon (19 u.); mauritius images/Alamy: Bildagentur Geduldig (8), Focus Europe (70/71), S. Hempel (7, 54), M. Naumann (19 o.), J. Sackermann (43), E. Supp (84), J. Symank (108), E. Wrba (29); mauritius images/foodcollection (9); mauritius images/imagebroker: H.-D. Falkenstein (30, 32/33, 110 o.), Nüsser (28 r.), W. Schäfer (Klappe l.), Schöfmann (31), S. Ziese (36); mauritius images/McPHOTO (41, 111); mauritius images/Radius Images (104/105); mauritius images/Westend61 (58, 75, 88/89); picture-alliance: F. Haas (62, 110 u.); picture-alliance/dpa (2, 96); picture-alliance/imagebroker: H.-D. Falkenstein (78); vario images: S. Baumgarten (103, 108/109), U. Baumgarten (72), C. Papsch (Klappe r.), J. Ritterbach (23); vario images/imagebroker (106); E. Wrba (10, 28 l., 61, 67, 115)

1., aktualisierte Auflage 2019
© MAIRDUMONT GmbH & Co. KG, Ostfildern
Autor: Wolfgang Bartels; Bearbeiterin: Susanne Jaspers
Redaktion: Arnd M. Schuppius; Bildredaktion: Anja Schlatterer
Kartografie Reiseatlas und Faltkarte: © MAIRDUMONT, Ostfildern
Gestaltung Cover, S. 1, Faltkartencover: Karl Anders – Studio für Brand Profiling, Hamburg
Gestaltung innen: milchhof:atelier, Berlin
Gestaltung S. 2/3, Erlebnistouren: Susan Chaaban Dipl.-Des. (FH)
Das Werk einschließlich aller seiner Teile ist urheberrechtlich geschützt.
Jede urheberrechtsrelevante Verwertung ist ohne Zustimmung des Verlags unzulässig und strafbar. Das gilt insbesondere für Vervielfältigungen, Übersetzungen, Nachahmungen, Mikroverfilmungen und die Einspeicherung und Verarbeitung in elektronischen Systemen. Printed in Italy

BLOSS NICHT

Worauf Sie bei Ihrem Eifel-Besuch achten sollten

ZU STOSSZEITEN FAHREN

Ob Sie's nun glauben oder nicht, auch in der Eifel kann es zäh fließenden Verkehr geben. Der blüht Ihnen vor allem an Wochenenden in touristischen Hotspots wie Monschau oder Monreal. In Bad Münstereifel gibt es wegen all der Schnäppchenjäger öfter mal Parkplatznot, und wenn Mega-Events wie „Rock am Ring" anstehen, sollten Sie das Gebiet um den Nürburgring großräumig umfahren. Und denken Sie nicht, Sie würden in der Eifel dem Karneval entgehen: Orte wie Zülpich oder Blankenheim sind närrische Hochburgen, die für ihre Umzüge gern auch mal die Straßen sperren. Das tun übrigens auch die Dollendorfer, Meerfelder und Mützenicher, wenn im Herbst ihre legendären Erntedankumzüge stattfinden. Nehmen Sie dann bisweilen lange, kurvige Umwege in Kauf – oder parken Sie den Wagen und feiern Sie einfach mit.

GESCHÜTZTE PFLANZEN PFLÜCKEN

Die Narzissenblüte zieht Tausende von Besuchern in die Täler der Nordeifel. Nie sollten Sie der Versuchung erliegen, die wilden Osterglocken zu pflücken oder gar auszugraben. Sie stehen unter Naturschutz, ebenso wie viele der Orchideen, die man in den Kalkgebieten finden kann. Grundsätzlich ist in Naturschutzgebieten und im Nationalpark Eifel das Pflücken oder Beschädigen von Pflanzen sowie das Stören oder gar Verletzen von Tieren untersagt.

KNICKERIG SEIN

Die Eifler, vor allem die im Norden, sind nicht geizig. Es kann Ihnen schnell passieren, dass Sie in eine fröhliche Runde geraten und Ihnen auch ein Gläschen vom gerade bestellten „Meter" Bier ausgegeben wird. In diesem Fall sollten Sie sich auf jeden Fall revanchieren. Die Eifler sind zwar großzügig, aber das erwarten sie ebenso von ihren Gästen.

SCHWIMMEN, WO ES VERBOTEN IST

Auch wenn der See noch so verlockend aussieht: Schwimmen Sie nicht in dem Wasser, das für andere Menschen zum Trinken gedacht ist. In der Nordeifel sind die Trinkwassertalsperren für jeglichen Wassersport gesperrt, in der Vulkaneifel ist es das Totenmaar (aus Naturschutzgründen). Motorfahrzeuge sind auch auf allen anderen Eifelseen verboten. In den Flüssen ist das Baden offiziell zwar nicht freigegeben, es wird aber toleriert.

VERTRÄUMT UM DEN RING HERUMTUCKERN

Leider wird trotz Warnhinweisen nicht nur auf dem Nürburgring gerast, sondern auch drum herum. Seien Sie also wachsam, wenn Sie in der Gegend unterwegs sind. Jederzeit kann ein Biker mit gefühlter Schallgeschwindigkeit in Ihrem Windschatten auftauchen oder Ihnen kommt ein Möchtegern-Rennfahrer entgegengeschossen, der es mit dem Spurhalten nicht so genau nimmt.